Axel Brück

Die Kraft der Rituale

Arun

Hinweis: Die hier vorgestellten und diskutierten Methoden sind nach bestem Wissen und Gewissen dargestellt; die Informationen sollen aber ärztlichen oder psychotherapeutischen Rat und Hilfe nicht ersetzen. Autor und Verlag übernehmen keinerlei Haftung für Schäden, die sich aus dem Gebrauch oder Mißbrauch der in diesem Werk dargestellten Methoden und Theorien ergeben.

Arun-Verlag, Engerda 28, D - 07407 Uhlstädt-Kirchhasel,
Tel.: 036743/233-0, Fax: 036743/233-17,
info@arun-verlag.de, www.arun-verlag.de.
Titelbild: © Yang MingQi (Front), © Der Schmuck (Hintergrund)/Fotolia.com.
Diagramme, Grafiken: ©Axel Brück.
Fotos: © Janine Jabs und Axel Brück.
Ritualgegenstände angefertigt von Janine Jabs: © Seiten 3, 98, 104 (Rassel), 105, 109 und 110 (Ritualtrommel).
Ritualgegenstände angefertigt von Florian Schiller: © Seiten 12, 69, 101 (Rufhorn Büffel und Rufhorn Hirsch), 110 (Rassel) und 111.
Ritualgegenstände angefertigt von Axel Brück: © Seiten 60, 62, 90, 97, 101 (Muschelhorn), 103, 104 (Hornbehälter und *Spirit*-Horn), 106, 108, 116 und 162.
Buchgestaltung: Arun-Verlag.
Gesamtherstellung: Hubert & Co., Göttingen.

ISBN 978-3-86663-023-9

Inhaltsverzeichnis

Teil III – Rituale im Leben

Teil I
Die grundsätzlichen Fragen

Eulenflügel

Kapitel 1
Was ist ein Ritual?

In diesem Kapitel finden Sie einen Überblick darüber, was ein Ritual ist und welche Grundbedingungen es erfüllen muss, um nützlich sein zu können.

Rituale sind, wenn man dem Internet oder diversen Lexika trauen darf, formalisierte, gleichförmig wiederkehrende oder wiederholte Handlungen mit festlichem Charakter.

Dabei fällt mir unweigerlich das Sonntagsfrühstück ein, so wie es in meiner Jugend in meinem Elternhaus zelebriert wurde: Der Tisch wurde festlich gedeckt, es gab nicht nur ein schnell hinuntergeschlungenes Müsli, sondern Marmelade, Wurst, Käse, ein Frühstücksei und so weiter. Es standen Blumen auf dem Tisch und im Hintergrund lief gewöhnlich eine Schallplatte mit Barockmusik. Nur am Sonntag konnten alle Familienmitglieder gemeinsam frühstücken und deshalb war es nicht nur ein besonderes, sondern eben auch ein festliches Ereignis. War es deshalb aber auch ein Ritual?

Einerseits gibt es die Tendenz, formalisierte, gleichförmig wiederkehrende Handlungen (wie zum Beispiel das allmorgendliche Rasieren) als Ritual zu bezeichnen, andererseits werden die Begriffe Ritual, Zeremonie, Ritus, Brauchtum und so weiter bunt durcheinander gewürfelt. In der sogenannten „Eso-Szene" verengt sich der Begriff gewöhnlich auf bestimmte magische Handlungen, während unter den mehr spirituell Orientierten mit Ritualen vornehmlich gottesdienstähnliche Abläufe gemeint sind.

Eher Auswüchse wuchernden Geschäftsgeistes sind dann Vorstellungen, die sich zum Beispiel in diesen Anzeigen niederschlagen, die ich bei der Google-Suche nach dem Stichwort „Ritual" gefunden habe:

Schamanische Wissenschaft
Entdecke deine schamanische Kraft!
Ausbildung, Seminare, Heilsitzungen
www.xxxxx-xxx.de

Rituale für zu Hause
Entspannung, Erfolg u.v.m.
einfach & unkompliziert erklärt!
www.xxx-xxxx.com/Rituale

Ritualgestaltung
Ausbildung in der Fachschule
berufsbegleitend, 3 Jahre
www.xxxx-xxx-rituale.ch

Das richtige Ritual
Weiße Magie von echter Zigeunerin,
hilft da, wo Hilfe benötigt wird.
www.xxxxxx.de

Der Kuriosität halber möchte ich dann noch den folgenden hilfreichen Eintrag wiedergeben, bevor ich mich wieder ernsthaft dem Thema zuwende:

www.xxxx-xxx.de - Ritual

RITUAL: Sohn eines bedeutenden Vaters - Vater bedeutender Kinder. Als jüngster Hengst wurde RITUAL in das Programm hannoverscher Springpferde-Zucht ...

Nun ja, all das bringt uns der Frage, was ein Ritual ist, nicht unbedingt näher. Deshalb möchte ich hier einen anderen Weg einschlagen. Es gibt eine relativ große Zahl an Büchern, die sich mit dem Thema „Rituale" befassen und vielleicht hilft uns ein Blick in einige davon ein Stück weiter – und in der Tat drängt sich nach der Betrachtung dieser Bücher eine Formulierung auf, die sehr wichtig ist:

Ein Ritual dient einem bestimmten Zweck, es hat ein Ziel, und zwar ein Ziel, das nicht auf etwas Materielles hinlenkt, sondern auf etwas, das über das Materielle, also die Ebene des Körpers hinausweist.

Wenn wir diese Formulierung annehmen können, dann wird schon einmal kräftig aufgeräumt: Ein festliches Frühstück oder das morgendliche Rasieren mögen zwar ritualisierte Handlungen sein (so werden sie auch manchmal von Soziologen oder Psychologen benannt), aber Rituale sind sie definitiv nicht.

Eine formalisierte, gleichförmig wiederkehrende oder wiederholte Handlung mit festlichem Charakter kann also dann ein Ritual sein, wenn sie einem magischen oder im weitesten Sinn religiösen Zweck dient. Wenn wir in diesem Satz das Wort „festlich" durch ein anderes ersetzen, dann sind wir fast am Ziel: Sagen wir „besonders" oder „vom Alltag abgehoben", dann ist unsere Begriffsbestimmung allgemein genug, um wirklich tauglich zu sein.

Auch wenn diese Überlegungen auf den ersten Blick banal erscheinen, so sind sie, wie wir noch herausfinden werden, sehr wichtig, denn eine genauere Betrachtung dieses Satzes sagt uns sehr viel darüber, wie ein Ritual beschaffen sein muss, um die mit ihm verfolgten Ziele auch erreichen zu können.

Wenn man der Wikipedia glauben darf, dann werden Rituale heutzutage überwiegend einerseits von religiösen Gruppen (Kirchen, Religionsgemeinschaften, Sekten, usw.), oder genau genommen von deren offiziellen Vertretern, den Priestern, ausgeübt, andererseits von Schamanen und Hexen. Ganz abgesehen davon, dass jeder Mensch im Prinzip alle Rituale ausführen kann, für die keine besondere Qualifikation zum Ritualmeister erforderlich ist, fehlt in dieser Aufzählung eine Gruppe, nämlich die der Magier. – Und damit nähern wir uns einer Grundsatzfrage, die in der Tat für das Verständnis der Rituale von allergrößter Bedeutung ist!

Körper, Geist und Seele

Wenn wir uns nicht nur wissenschaftlich-deskriptiv, sondern praktisch als Ausübende mit Ritualen beschäftigen wollen, dann brauchen wir offensichtlich eine Vorstellung von der Welt, in der neben dem Materiellen auch das Magische und das Göttliche ihren festen Platz haben. Ohne diese beiden Elemente können wir nur von ritualisierten Handlungen reden, die eigentlich ins Leere laufen, weil ihnen nicht nur das Ziel fehlt, sondern auch und vor allem die (magischen und göttlichen) Mittel, mit denen wir dieses Ziel erreichen können.

Das menschliche Selbst besteht neben Ego und Bewusstsein aus den drei Ebenen oder Elementen Körper, Geist und Seele. Analog dazu besteht die Welt aus den Ebenen des Materiellen, des Magischen und des Göttlichen.[1] Diese Ebenen sind nahtlos und unauflöslich miteinander verwoben und ebenso gleichgewichtig (also zu gleichen Teilen vorhanden) wie auch gleich wichtig. Dass unsere Wahrnehmung überwiegend oder den größten Teil der Zeit auf die Ebene des Materiellen „eingestellt" ist liegt in der Natur des Menschen. In veränderten Bewusstseinszuständen haben wir jedoch zumindest zeitlich begrenzt Zugang zu den anderen Ebenen der Welt.

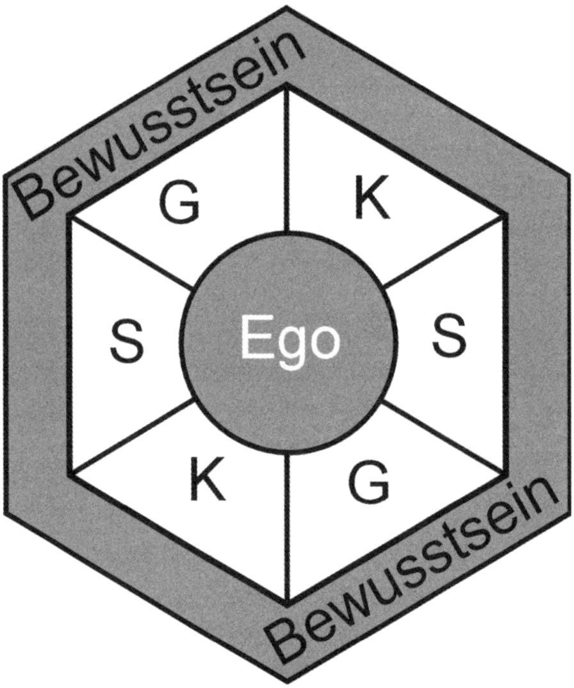

Diagramm 1: Das menschliche Selbst besteht aus Körper, Geist und Seele sowie Ego und Bewusstsein.

Zu diesen drei Ebenen oder Elementen gehören drei Kräfte, die in schamanischer Begrifflichkeit als Liebe, Lust und Tod bezeichnet werden.

Mit dem Wort Liebe wird alles bezeichnet, das mit dem Göttlichen in der Welt (und damit in den Lebewesen) zu tun hat, von der Liebe zwischen den Lebewesen bis zur Hingabe an das Göttliche, die Freude an der Welt und am Sein.

Die Kraft Lust umfasst den gesamten Bereich der Lust von der Sexualität bis hin zum Genuss der Lebendigkeit in der allgemeinsten Form.

Die Kraft Tod umschließt alles, was mit Wissen und Macht zu tun hat, mit Ratio, Intellekt, Beherrschen und Unterordnen.[2]

Daraus ergibt sich folgende Zuordnung:

Körper	Geist	Seele
Alltagswelt	Anderswelt	Götterwelt
Tod	Lust	Liebe
Techniker/Magier	Schamanen/Hexen	Priesterinnen/Priester

Das menschliche Selbst befindet sich, seinem „Strickmuster" entsprechend, gewöhnlich in der Alltagswelt. Diese nehmen wir wahr, in ihr denken und handeln wir. Allerdings erstreckt sich ein Teil von uns meist unterhalb der Wahrnehmungsschwelle immer in die Anderswelt und die Götterwelt. In bestimmten veränderten Bewusstseinszuständen, zum Beispiel in der Andersweltreise der Schamanen, können wir unsere Wahrnehmung jedoch fast vollständig umschalten und uns so in die anderen Ebenen der Welt versetzen:

---

[1] Sehr ausführliche Betrachtungen und Begründungen dazu finden sich in:
Axel Brück, Die Kraft der Heilung, Engerda, 2007 und
Axel Brück, Seele, Selbst & Karma – Das schamanische Bild vom Menschen, Engerda, 2008

[2] Eine detaillierte Betrachtung der drei Kräfte und ihres Wirkens in der Welt findet sich in:
Brück, Axel, Runen Leben, Arun-Verlag, 2006 und
Brück, Axel, Die Kraft der Heilung, Arun-Verlag, 2007

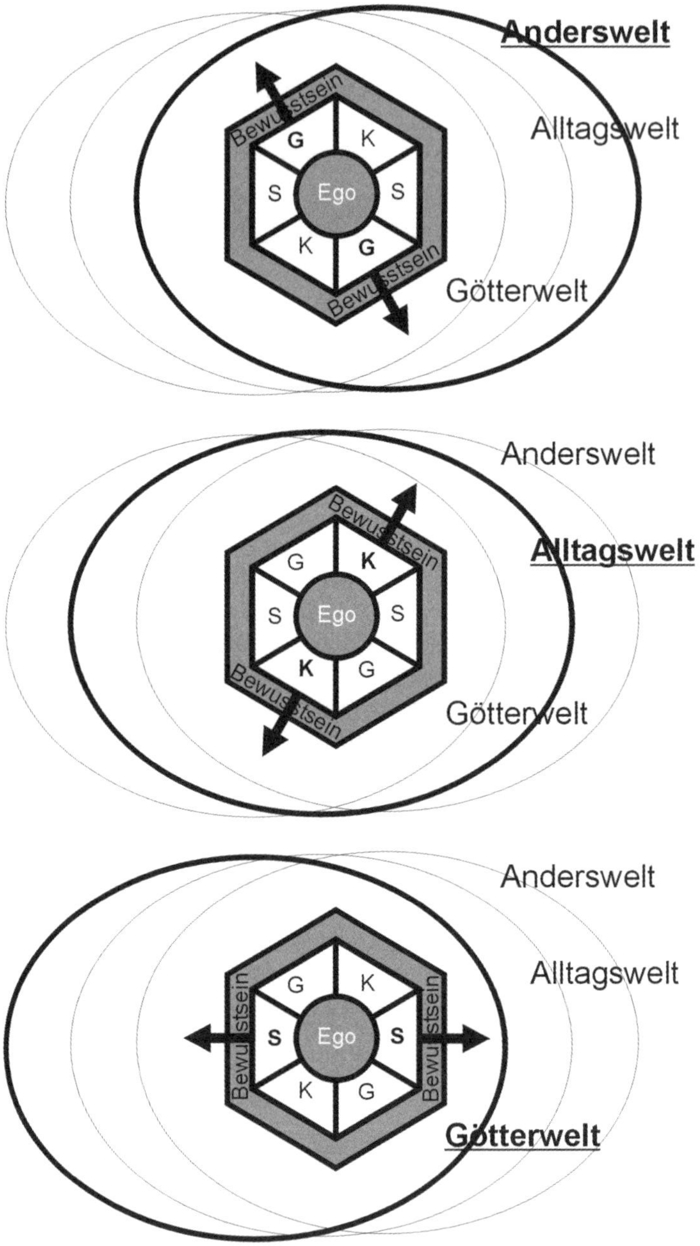

Diagramm 2: In veränderten Bewusstseinszuständen können wir unsere Wahrnehmung vollständig auf eine der drei Ebenen der Welt richten und so in sie eintreten.

Das Ritual in den drei Kräften

Offensichtlich findet ein Ritual in der Alltagswelt statt. Es gibt Bewegungen, Schritte, Tänze, es gibt Klänge, Worte, Räucherungen, Gegenstände, Handlungen der unterschiedlichsten Art. Zunächst einmal ist all dies ebenso alltagsweltlich wie ein Hammer, ein Nagel und die Bewegung des Einschlagens.

Ein hartgesottener Materialist, also jemand, in dessen Vorstellung von der Welt es nur Materie und Energie (im physikalischen Sinn) gibt, würde die Schlussfolgerung ziehen, dass ein Ritual dementsprechend nur eine Art Affirmation sein kann, eine formalisierte Handlung, die motivierend, sinnstiftend und – soziologisch betrachtet – integrativ wirkt.

Wenn unsere Vorstellung von der Welt jedoch drei Ebenen umfasst, Körper, Geist und Seele, Alltagswelt, Anderswelt und Götterwelt, das Materielle, das Magische und das Göttliche, dann stellt sich das Ritual völlig anders dar: Es verbindet diese Elemente miteinander, aktiviert sie und ermöglicht es dem „Ritualisten", die Reichweite und Effektivität seiner Handlungen zu steigern, weil das Ritual ihm die Möglichkeit gibt, Kräfte auf allen drei Ebenen zu mobilisieren.

Demnach können wir die bisher nur provisorische Definition des Wortes Ritual noch einmal präzisieren:

> **Ritual: Eine formalisierte, gleichförmig wiederkehrende oder wiederholte Handlung mit dem Charakter des Besonderen, vom Alltag Abgehobenen, die dem Zweck dient, Körper, Geist und Seele und damit das Materielle, das Magische und das Göttliche zur Erreichung eines konkreten Ziels zu aktivieren, miteinander zu vereinen und in die gleiche Richtung zu lenken.**

Ein schamanischer Lehrer hat einmal zu mir gesagt: „Du sollst nicht nur denken, du musst auch handeln." In typisch westlicher Manier habe ich diesen Satz erst einmal gründlich missverstanden und gedacht: „Na klar, erst denken und dann das Gedachte in Handlung umsetzen – warum sagt er mir das?" Es hat einige Zeit gedauert, bis ich dahinter kam, dass etwas völlig Anderes damit gemeint war: Er wollte damit sagen, dass Denken und Handeln in Einklang gebracht werden müssen, dass Körper und Geist gemeinsam aktiviert und in einer gemeinsamen Anstrengung in eine Richtung gelenkt werden müssen, um das Potential der Kräfte wirklich auszunutzen. Fügen wir dem jetzt noch die Seele hinzu und damit die Ebene des Göttlichen in der Welt, dann sind wir auch auf diesem Weg bei unserer Definition angelangt.

Diese Definition bildet die Grundlage unserer Betrachtung: Gleich, ob wir ein vorhandenes Ritual anschauen, um herauszufinden, ob es für uns und unsere Ziele geeignet ist, oder ob wir ein neues Ritual erschaffen, wir müssen jedes Ritual und seine einzelnen Bestandteile immer zuerst einmal unter dem Aspekt dieser Begriffsbestimmung untersuchen, bevor wir die nächsten Schritte unternehmen können.

Kapitel 2
Welche Arten von Ritualen gibt es?

Die Unterscheidung der verschiedenen Arten von Ritualen gibt uns einen ersten Eindruck davon, was uns „rituell ungeübten" Europäern den Zugang zu den Kräften des Rituals ermöglicht und was für uns weniger tauglich ist.

Wenn wir uns einen Überblick darüber verschaffen wollen, welche Arten von Ritualen es gibt, dann können wir dafür zwei Unterscheidungsmerkmale benutzen: Einerseits betrachten wir den Zweck eines Rituals, das, was wir mit ihm erreichen wollen und andererseits die handwerkliche Seite, welche handwerklichen Mittel in ihm verwendet und welche der drei Kräfte angesprochen werden.

Zunächst einmal müssen wir davon ausgehen, dass es für ein konkretes Ziel mehr als nur ein mögliches Ritual gibt, so dass wir die Rituale zuerst nach Zweck und darunter wieder nach Handwerk ordnen können.

Individuelle und kollektive Rituale, Welt-Rituale

Rituale können sich auf nur eine Person beziehen. Die Anlässe sind dann Geburt und Tod, Transitionsrituale (Übergänge zwischen den Lebensaltern), Heilungsrituale, Rituale zur Bewältigung persönlicher Krisen, Transformationsrituale oder die Visionssuche.

Kollektive Rituale finden im sozialen Bereich statt. Zu ihnen gehören Hochzeiten oder Familienzusammenschlüsse jeder Art, Stammes- oder Clanfeste, bei indigenen Völkern zum Beispiel die Rituale zu Ehren der Totemtiere und mehr.

Die Weltrituale umfassen die Feste des Jahresrads, also Sonnen- und Mondfeste und alle anderen an die Jahreszeiten gebundenen rituellen Ereignisse ebenso wie die Rituale, die zu Ehren oder für die Kraft von Orten durchgeführt werden und diejenigen Rituale, die den Kontakt mit anderen Wesen herstellen sollen (Anderswelt, Götterwelt). Hierhin gehören auch die Rituale des Tagesablaufs, die festen Gebetszeiten der christlichen Mönche ebenso wie die eher „heidnische" Begrüßung der Kräfte des neuen Tages. Auch „Einweihungsfeste" für Haus und Hof, Arbeitsplatz, „heilige" Orte, Kraftorte und mehr gehören an diese Stelle.

„Handwerkliche" Rituale

Unter handwerklichen Ritualen verstehe ich Rituale, die einem konkreten „magischen" Anlass dienen, also zum Beispiel Rituale für die Vorbereitung der Andersweltreise, Rituale, die das Wahrsagen fördern und unterstützen, Rituale, die der Anfertigung oder Einweihung magischer Gegenstände oder Instrumente dienen und ähnliches mehr.

Für unsere Vorfahren waren eigentlich alle Handlungen des Alltags zugleich Rituale, denn immer und in allen Dingen war es für sie wichtig und selbstverständlich, sich und ihre Handlungen mit den Kräften und Wesen der Anderswelt und der Götterwelt zu verbinden. Deshalb sind die Übergänge zwischen den verschiedenen Ritualarten auch fließend.

Rituale der Götter

An diese Stelle gehören natürlich die Gottesdienste jeglicher Religion, denn auch Gottesdienste sind Rituale. Das scheint manchen militanten Christen oder auch Anhängern anderer Religionen nicht klar zu sein, die sich entschieden gegen die „heidnischen" Rituale wenden. Die handwerklichen Mittel unterscheiden sich nur im Detail, das Entscheidende ist in diesem Fall die Vorstellung von dem, wohin wir uns mit unserer Verehrung wenden.

Auch hier kann der Anlass eine völlig alltägliche Verrichtung sein, die wir zum Beispiel einem besonderen Schutz anempfehlen, oder ein „Hohes Fest", das nicht nur uns, sondern auch die Gemeinschaft bewegt, in der wir leben.

Wie Sie sehen, können wir auf diese Weise zwar einen groben Überblick über das weite Feld der Rituale gewinnen, aber da die Übergänge fließend sind, ist diese Einteilung nur bedingt nützlich. Versuchen wir es also auf eine andere Art!

Traditionelle Rituale

Auch wenn unsere eigene Tradition der Rituale lange Zeit brach lag und deshalb nicht mehr wirklich lebendig ist, so gibt es zahlreiche Anknüpfungspunkte in Form von Brauchtum (Fastnacht, Maifeste, Walpurgisnacht, Sonnenwenden, usw.[3]) und sogenanntem Volks-Aberglauben. Außerdem können wir uns in der Welt umschauen und aus dem lernen, was andere Völker tun, deren Traditionen lebendiger geblieben sind als die unseren. – In diesem Punkt müssen wir übrigens unbedingt große Vorsicht walten lassen, um nicht in gedankenlosem Kulturimperialismus Dinge zu zerstören oder zu missbrauchen, die uns gar nicht gehören. (Dazu wird in Kapitel 4 noch einiges zu sagen sein.)

Wir können davon ausgehen, dass es früher einmal im Leben unserer Vorfahren für jeden nur denkbaren Anlass ein passendes traditionelles Ritual gegeben hat – und natürlich auch Spezialisten dafür, diese Rituale durchzuführen. Das ist heute nicht mehr der Fall.

---

[3] Eine unerschöpfliche Fundgrube für dieses Thema ist: Bächtold-Stäubli, Hans und Hoffmann-Krayer, Eduard, Handwörterbuch des deutschen Aberglaubens, Berlin, New York, 1927-1987 (10 Bände)

Über eines sollten wir uns allerdings im Klaren sein: Wer zum Beispiel behauptet, er wüsste aus welchen Quellen auch immer, wie die keltischen Druiden ein bestimmtes Fest gefeiert oder einen besonderen Anlass rituell begleitet haben, der unterliegt einer Selbsttäuschung. Wenn wir einmal das historisch gesicherte Wissen über die keltischen Feste[4] mit dem vergleichen, was so an pseudo-keltischen Fehlinformationen in Umlauf ist, dann müssten wir eigentlich ganz schön ins Grübeln kommen: Die Historiker versichern uns, dass wir nicht einmal von allen keltischen Jahresfesten (also den großen Festen) wissen, wie sie genau genannt wurden und was die Namen bedeuten, während es auf der anderen Seite Leute gibt, die genau wissen, wann die Kerze von links nach rechts getragen wurde. Oft erfolgt dann der Hinweis auf „geheime" Überlieferungen, wenn es denn sein muss, der Rückzug auf gechannelte Botschaften oder „Hohe Meister", die sich in für Normalsterbliche unzugängliche Gegenden des Universums zurückgezogen haben. – Sie bemerken, dass ich bei diesem Thema ein wenig heftig werde. Dafür gibt es einen guten Grund: Ich bin kein Anhänger von Verschwörungstheorien und die Historiker kennen sich mit der Geschichte der Geheimgesellschaften paradoxerweise ziemlich gut aus. Selbstverständlich weiß ich aus eigener Erfahrung, dass es Informationsquellen nicht-wissenschaftlicher Art gibt (zum Beispiel die Andersweltreise), aus denen wir schöpfen können. Es geht mir bei meiner Kritik um die Verantwortung für die Informationen: Was auch immer Channeln zum Beispiel sein mag: Wer auf diese Weise Informationen erlangt und sie verbreitet, ist ausschließlich selbst für die Qualität seines Materials verantwortlich und nicht irgendein Wesen, an das man sich zur Überprüfung leider nicht selbst wenden kann.

Ich weiß, dass ich mich mit diesen Bemerkungen mal wieder zwischen alle Stühle setze, aber gerade auf dem Gebiet der Rituale ist eine klare Stellungnahme wichtig. Deshalb möchte ich das Thema noch ein wenig ausführlicher behandeln:

Ich bin der Meinung, dass jedes Verfahren zur Erlangung von Informationen zunächst einmal legitim ist, sei es wissenschaftlicher, magischer oder göttlicher Natur. Was die Glaubwürdigkeit einer Information betrifft, so verlässt man sich auf dem Gebiet der Wissenschaften gewöhnlich auf drei Dinge: Erstens vertraut man der Reputation eines Wissenschaftlers, zweitens weiß man, dass seine Informationen jederzeit überprüfbar und nachvollziehbar sind und drittens dürfen wir davon ausgehen, dass sie nicht nur in sich, sondern auch im Verhältnis zu anderen Informationen widerspruchsfrei sind.

Entsprechendes sollte auch für auf magischem oder göttlichem Weg erlangte Informationen gelten! Bei der Andersweltreise ist es zum Beispiel so, dass die zur Einkleidung und kommunikativen Weitergabe verwendeten Bilder sich kulturell und individuell in einem bestimmten Maß unterscheiden, dennoch aber einen gemeinsamen

---

[4] Siehe zum Beispiel: Le Roux, Françoise und Guyonvarc'h, Die Hohen Feste der Kelten, Engerda, 2003 (2)

Inhalt so vermitteln, dass er für jeden nachprüfbar wird, der das Handwerk der Andersweltreise beherrscht – und das ist ein Handwerk, das sich im Prinzip von jedem Menschen erlernen lässt[5] – ebenso wie im Prinzip jeder Mensch Historiker werden kann, um selbst einschlägige Informationen zu überprüfen.

Was nun die Widerspruchsfreiheit der Informationen betrifft, so betreten wir mit den „magischen" und „göttlichen" Informationen ein weites Feld. Wer sich einmal die Mühe macht, gechannelte oder durch Medien übermittelte Botschaften, die Kenntnisse tatsächlicher oder vorgeblicher Geheimgesellschaften oder Nachrichten aus anderen, ähnlichen Quellen zu einem Thema nebeneinander zu legen und miteinander zu vergleichen, wird eine ziemlich erschreckende Feststellung machen: Auf 10 Quellen kommen ungefähr 12 einander widersprechende und sich größtenteils sogar ausschließende Informationen, von denen, dem gesunden Menschenverstand folgend, nur eine richtig sein kann – aber welche, bitte, könnte das sein?

Es wäre zwar naheliegend, aber sicher falsch, das Kind mit dem Bade auszuschütten und alle diese Informationsquellen zu verwerfen. Doch wo finden wir die Richtschnur unseres Urteils?

Einige indianische Schamanen, denen ich zugehört habe, lehren uns Europäer: „Macht eure eigenen Rituale! Ihr habt Alles, was ihr dafür braucht, ihr habt euer Land, eure Flüsse, Seen und Berge, ihr habt eure Steine, Pflanzen und Tiere, die Kräfte eurer Ahnen und Augen im Kopf, um dies Alles zu sehen. Und auch eure Geschichten sind noch lebendig. Mehr braucht ihr nicht, um eure eigenen Rituale zu machen!"

Ich halte diesen Ratschlag für außerordentlich weise und auch tiefgründiger, als er im ersten Moment erscheint (darüber wird noch zu sprechen sein). Wir können uns in der Tat aus dem historisch gesicherten Fundus unserer eigenen Vergangenheit und aus der Betrachtung des rituellen Lebens anderer Völker ein Bild davon machen, um welche Kräfte und Wirkungen es bei einem konkreten rituellen Anlass geht – und dann mit unseren „magischen und göttlichen Augen" uns und unsere Welt anschauen, um herauszufinden, welche Kräfte in uns und in der Welt sind, welche äußeren Formen das jeweilige Ziel fördern – vorausgesetzt natürlich, wir haben verstanden, wie Rituale funktionieren und wie wir diese Kräfte aktivieren und zielgerichtet nutzen können.

Ein Indianer, der noch in seiner Tradition lebt, ein afrikanischer Stammesangehöriger, ein Nepalese oder Tibeter, alle diese Menschen wissen aus dem kulturellen Kontext, in dem sie aufgewachsen sind, wie ein Ritual funktioniert, was es bewirkt und in welchem Kräftezusammenhang es steht. Dafür braucht es keine großen Meister und auch keine geheimnisumwitterten, jahrtausendealten Überlieferungen. Rituale sind nicht geheimnisvoll, sondern schlicht und ergreifend Handwerk für den Umgang mit

---

[5] Detaillierte Informationen zu diesem Thema finden Sie in:
Brück, Axel, Die Anderswelt-Reise, Praxisbuch Schamanische Reise, Engerda, 2005, 2007 (2)

den materiellen, den magischen und den göttlichen Kräften in uns und in der Welt. Deshalb ist im Umgang mit Ritualen neben Respekt und Achtsamkeit der gesunde Menschenverstand gefragt, den wir uns nicht vernebeln lassen sollten. Letzten Endes gibt es eine sehr einfache Methode, um zu überprüfen, was ein Ritual taugt: Wenn es funktioniert und das gewünschte Resultat erbringt, dann ist es ein taugliches Ritual – sonst nicht.

Individuelle Rituale

In diesem Zusammenhang ist es sicher nützlich zu wissen, dass es wohl schon immer üblich war, für besondere Gelegenheiten, Personen oder Orte individuelle Rituale zu „erfinden" oder zu entwickeln. Für diesen Zweck gab und gibt es „Ritualbausteine", die wir nach bestimmten Regeln zusammensetzen können. Beide Verfahrensweisen, die traditionelle und die individuelle Durchführung von Ritualen, haben jeweils ihre eigenen Vor- und Nachteile, die wir ebenfalls in Kapitel 4 genauer betrachten werden.

Für uns Europäer spricht einiges für die Verwendung und Entwicklung individueller Rituale aus einzelnen „Bausteinen". Wir müssen davon ausgehen, dass wir nicht nur die Kenntnis traditioneller Rituale weitgehend verloren haben, sondern auch die unmittelbare Wahrnehmung der Kräfte, die in einem Ritual wirken. Deshalb ist es sicher sinnvoll, sich dem Ritual in kleinen Schritten zu nähern, also zunächst einmal durch die Verwendung einzelner Bausteine, deren Wirkung und Kraft wir nachspüren können, ohne uns durch ein komplexes Zusammenspiel vieler Teile verwirren zu lassen. Das gilt natürlich nicht nur für Menschen, die selbst Rituale durchführen, sondern auch für solche, die daran teilnehmen wollen! Zwar hat jedes funktionierende Ritual eine Kraft, die auf jeden wirkt, aber es ist wie bei der Musik: Ein ungeübtes Ohr kann viele Klänge nicht voneinander unterscheiden und deshalb das komplexe Muster einer Sinfonie auch nicht wirklich erkennen. Ein in der Wahrnehmung des Magischen und Göttlichen ungeübter Mensch wird nur einen Bruchteil der im Ritual wirkenden Kräfte erkennen und deshalb auch nur einen kleinen Teil ihres Nutzens für sich reklamieren können.

Wenn uns die Betrachtung der verschiedenen Ritualarten auch erst einmal an einen Punkt der Bescheidenheit geführt hat, so gibt es aber dennoch ein Unterteilungskriterium, das uns einen großen Schritt weiterführen wird.

Magische, schamanische und priesterliche Rituale

Wenn wir das Handwerk näher betrachten, das wir benötigen, um Rituale durchzuführen, so können wir als Grundlage dafür die im vorigen Kapitel eingeführte Unterscheidung der drei Kräfte benutzen:

Körper	Geist	Seele
Alltagswelt	Anderswelt	Götterwelt
Tod	Lust	Liebe
Techniker/Magier	Schamanen/Hexen	Priesterinnen/Priester

Der Magier wendet sich mit seinen Formeln und Beschwörungen, mit seinen magischen Figuren, den Pentagrammen, Hexagrammen und den anderen noch viel komplexeren Strukturen, mit seinen astrologischen Berechnungen des richtigen Zeitpunkts, mit den Analogien und Sympathien der Dinge und mit den formalisierten Gegenständen der Kraft direkt an die Ordnung der Welt. Die Arbeit des Magiers beruht auf seiner Kenntnis dieser Ordnung und er benutzt sie, um Resultate in einem technischen Sinn zu erzielen. So gesehen wird eine magische Beschwörung oder ein Ritual unfehlbar eine konkrete Wirkung hervorrufen, sofern sie exakt und konform zur Ordnung der Welt durchgeführt wurde – so wie ein Radioempfänger genau dann unfehlbar einen Radiosender empfangen und wiedergeben kann, wenn er konform mit den einschlägigen elektronischen Regeln konstruiert wurde. Deshalb beruht die magische Arbeit auf Wissen und Macht, auf Genauigkeit und Folgerichtigkeit. Die Magier arbeiten mit der Kraft des Todes.

Schamanen und Hexen dahingegen arbeiten mit den Kräften in der Welt, so wie sie sich in den Lebewesen der Alltagswelt, der Anderswelt und der Götterwelt und auch in ihnen selbst manifestieren. Schamanen und Hexen arbeiten also durch Kommunikation mit anderen Wesen, mit Respekt, Achtung, Bitte und Dank; manchmal aber auch mit Überredungskünsten, Verhandlungen, oder seltener mit Drohungen. Während sich die Magier direkt an die Ordnung der Welt wenden und deshalb im übertragenen Sinn mit Zirkel und Lineal hantieren, wenden sich die Schamanen und Hexen an das Lebendige in der Welt, sie krempeln die Ärmel auf und stürzen sich sozusagen ins pralle Leben, um aus einem punktuellen Chaos durch ihr Handwerk ein Stück Ordnung zu schaffen. Deshalb arbeiten sie mit der Kraft der Lebendigkeit selbst, mit der Kraft der Lust.

Priester und Priesterinnen wiederum wenden sich direkt an das Göttliche in der Welt, sie schaffen Raum, in dem sich der Sinn und das Urvertrauen entfalten können, sie versuchen in allen Irrungen und Wirrungen dem göttlichen Plan, dem „Großen Muster" einen Platz in der Welt zu geben und wenn alles Andere nicht mehr hilft, dann bitten sie in ihren Gebeten um das Wohlwollen der Götter. So arbeiten sie mit der Kraft der Liebe.

Auch wenn ich an dieser Stelle noch nicht in die Einzelheiten gehen kann, so sollten diese Tätigkeitsbeschreibungen Ihnen einen ersten Eindruck davon vermitteln, dass und auch wie sich das Handwerk dieser drei Gruppen voneinander unterscheidet. Das ist deshalb wichtig zu wissen, weil diese drei Elemente oder Kräfte die Grundlage eines jeden Rituals bilden und entweder können wir der äußeren Form entnehmen, welche der drei Kräfte in ihr wirkt oder wir können umgekehrt einen Ritualbaustein aussuchen oder entwickeln, der diese Kräfte nutzt und lenkt.

Kapitel 3
Wie funktioniert ein Ritual?

Rituale verändern die Menschen, die sie ausführen, und sie wirken in die Welt hinaus. Sie bringen den „Ritualisten“ in Einklang mit sich selbst und der Welt und sie aktivieren die Kräfte des Magischen und des Göttlichen in uns und in der Welt.

Spätestens an dieser Stelle scheiden sich die Geister endgültig. Entweder wir gehen davon aus, dass ein Ritual rein psychologisch wirkt, dass es der Kommunikation mit unserem Unbewussten dient, der Affirmation, der Triebsteuerung, der Kommunikation mit uns selbst und den Mitgliedern der gesellschaftlichen Gruppierung in der wir leben und so weiter. Oder aber wir wissen um die Existenz des Magischen und des Göttlichen in der Welt und wissen deshalb auch, dass ein Ritual zwar alle die oben genannten Zwecke erfüllt, hauptsächlich aber dazu dient, die Ebenen des Materiellen, des Magischen und des Göttlichen miteinander zu verbinden und auf diesen drei Ebenen gleichzeitig zu wirken.[6]

Es dürfte bis hierhin deutlich geworden sein, welche Ansicht ich dazu vertrete und in der Tat glaube ich, dass trotz allen Psychologisierens Rituale weder im Verständnis noch in der Ausführung Sinn machen, wenn wir vor der Einsicht oder dem Zugeständnis zurückschrecken, dass es das Magische und das Göttliche in der Welt wirklich gibt – und darauf beruhen auch die folgenden Erklärungen.

Wirkungsebenen des Rituals

Ein Ritual hat mehrere Wirkungsebenen, die wir nacheinander betrachten wollen, dabei sozusagen von außen nach innen gehend. Natürlich können diese Ebenen oder Anteile je nach Art des Rituals sehr unterschiedlich stark vertreten sein, aber sie sind immer vorhanden.

1. Die Vereinigung mit uns selbst: Das Hier und Jetzt

Die grundlegende Ebene des Rituals ist immer die Verbindung von Körper, Geist und Seele. Bedenken Sie, dass wir in unserem alltäglichen Wachbewusstsein mit unserer Wahrnehmung und deshalb auch mit unserer Achtsamkeit auf die Ebene des Materiellen fixiert sind. Oft leben wir „im Tran" nur so vor uns hin, haben auf „Autopilot geschaltet" und sind eigentlich gar nicht wirklich da. Zumindest sind wir in diesem Zustand Lichtjahre entfernt vom „Hier und Jetzt", von der überdeutlichen Präsenz und Lebendigkeit, in der wir uns befinden könnten. Deshalb kann auch nicht die Rede davon sein, wir könnten in unserem normalen Alltagszustand auch nur einen Bruchteil unseres Kräftepotentials ausschöpfen.

Das weiß auch jeder Sportler, der Höchstleistungen körperlicher Art nur dann erbringen kann, wenn er sich mit Hilfe mentaler Übungen in einen möglichst intensiven „Hier und Jetzt"-Zustand versetzt, um aus diesem Zustand der gleichzeitigen Ruhe und höchsten, ungerichteten Achtsamkeit heraus zu handeln.

---

[6] Eine genaue Beschreibung und Begründung des Modells der drei Kräfte und der drei Ebenen finden Sie in: Axel Brück, Seele, Selbst & Karma – Das schamanische Bild vom Menschen, Engerda, 2008

Jeder, der einmal versucht hat, in dieses Hier und Jetzt zu gelangen, hat sicherlich erfahren, dass dies mit zu den schwierigen Dingen im Leben gehört und auf Anhieb sicher nicht erreicht werden kann. Dennoch brauchen wir diesen Zustand, um ein Ritual wirksam durchführen zu können. Allerdings müssen wir nicht für jedes Ritual das Hier und Jetzt in seiner Vollkommenheit erreichen.

Wer sich einmal mit der Andersweltreise beschäftigt hat, weiß aus eigener Erfahrung, dass sie meist gelingt. Von der Intensität des „Hier und Jetzt"-Zustands hängt jedoch die „Eintauchtiefe" in die Anderswelt ab, die Intensität der Erfahrung. Ähnlich verhält es sich auch mit den Ritualen: „Kleine" Rituale benötigen sozusagen eine geringe Eintauchtiefe, „große" Rituale jedoch eine möglichst hohe Intensität des Hier und Jetzt.

Daraus erklärt sich auch, dass traditionelle Rituale eine sehr unterschiedlich lange und intensive Vorbereitungsphase haben und verschieden viel Zeit beanspruchen. Ein Sonnentanz kann bis zu drei Tage und Nächte dauern, eine Visionssuche eine mehrtägige Vorbereitungszeit mit Einsamkeit, Fasten, Versenkung und Gebet erfordern, während ein Speise- oder Trankopfer in wenigen Minuten getan ist.

Was davon im jeweiligen Fall richtig ist, hängt davon ab, ob es sich um ein einmaliges oder regelmäßig wiederholtes Ritual handelt, ob es in einen Ausnahmezustand führt oder Teil des Alltags ist und so weiter. Darüber wird noch zu sprechen sein.

2. Der Gleichklang von Körper, Geist und Seele

Der Zustand des Hier und Jetzt ist allerdings nur der erste Schritt, der eine Art „Gleichklang" von Körper, Geist und Seele nach sich zieht. Gewöhnlich handeln wir auf der Ebene des Materiellen. Unser Handeln spielt sich in der Alltagswelt ab. Im Ritual jedoch wollen wir mehr: Auch wenn das Ziel vielleicht nur ein alltagsweltliches ist, so wollen wir doch alle Kräfte in der Welt und in uns mobilisieren, um dieses Ziel zu erreichen. Neben den materiellen wollen wir auch die magischen und göttlichen Kräfte auf unser Ziel lenken und das kann nur dann funktionieren, wenn Körper, Geist und Seele an einem Strang ziehen.

Ein wesentlicher Teil der äußeren Form eines Rituals dient genau diesem Zweck, nämlich die Aufmerksamkeit und damit das Kräftepotential unseres Körpers, unseres Geistes und auch unserer Seele auf einen gemeinsamen Punkt zu konzentrieren.

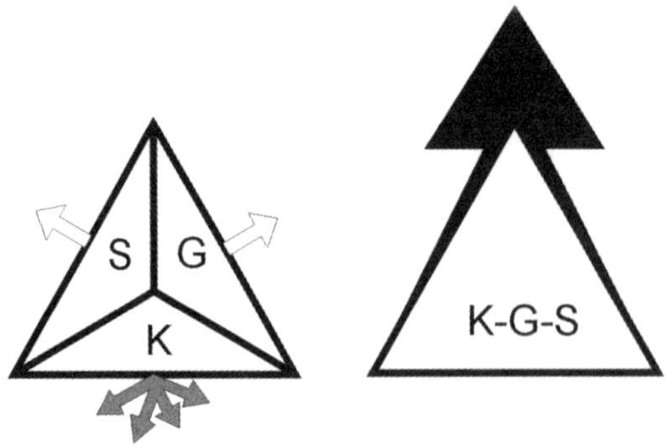

Diagramm 3: Der Zustand des alltäglichen Wachbewusstseins und der Zustand des Hier und Jetzt mit der gebündelten Achtsamkeit von Körper, Geist und Seele

Fassen wir zusammen:

Die wichtigste Funktion oder Wirkungsebene eines Rituals besteht darin, in uns den „Hier und Jetzt"-Zustand zu erzeugen und die Achtsamkeit von Körper, Geist und Seele auf einen Punkt zu konzentrieren.

Wie weit dies geschehen muss, um das Ziel des Rituals tatsächlich zu erreichen, möchte ich an zwei Beispielen anschaulich machen:

Im Leben unserer Ahnen war es üblich, täglich mindestens ein Speise- und Trankopfer zu bringen, entweder den Wesen in der Welt, den „Kleinen Leuten" in Haus und Hof ein Schälchen Milch oder auch ein Gläschen Lebenswasser hinzustellen, den Göttern zu versichern, dass sie den Menschen ständig im Bewusstsein waren oder bei besonderen Gelegenheiten, vor dem Fällen eines Baumes, dem Erlegen eines Tieres oder nach dem Abernten eines Feldes den Göttern und den Kräften in der Welt einen Dank abzustatten und sich damit ihr Wohlwollen zu sichern oder zu erbitten.

Ein solches Ritual braucht keine Vorbereitung, keine Herstellung eines besonderen Bewusstseinszustands oder Ähnliches, sondern höchstens einen Augenblick der Besinnung, damit es nicht zur Routine verkommt. Es ist Teil des Alltags und wird darum auch jeden Tag und auf alltägliche Weise vorgenommen. Seine Kraft besteht gerade darin, dass es alltäglich ist, so wie das Füttern der Katze oder die Bewirtung eines hungrigen Wanderers. Es zeigt die alltägliche Präsenz der Kräfte und Wesen und funktioniert deshalb auf diese alltägliche Weise – allerdings nur, wenn es tatsächlich ein selbstverständlicher Teil des Tagesablaufs ist und demgemäß auch täglich ausgeführt wird.

Die Visionssuche ist dahingegen ein besonderes Ereignis im Leben eines Menschen, das gewöhnlich nur einmal, in jedem Fall nur wenige Male durchgeführt wird. Sein Sinn besteht darin, den Suchenden mit den Kräften der Welt und den Göttern in Einklang zu bringen und ihm dadurch wesentliche Teile seines Selbst und seiner Aufgabe in der Welt zu enthüllen.

Deshalb ist eine Visionssuche bei den nordamerikanischen Indianern tatsächlich in ihrer vollkommensten Form eine persönliche Begegnung mit den Göttern oder zumindest mit den „Schutzgeistern" von Clan oder Stamm oder den Geistern der eigenen Ahnen.

Eine solche Begegnung wird nicht leichtfertig in Angriff genommen und ist auch nicht einfach zu erlangen. Doch der Gewinn, den der Suchende aus ihr ziehen kann, ist sehr groß: Orientierung im Leben, Hinweis auf den Platz in der Welt, die Aufgabe in der Gemeinschaft, die eigene Einbindung in die spirituelle Gemeinschaft des Stammes, der Familie und aller beseelten Wesen – dies sind Hoffnungen, die der Suchende an dieses Ritual knüpft.

Da die Begegnung mit den Geistern der Ahnen, den Schutzgeistern oder sogar mit den Göttern eine Ausnahmesituation ist, die über unser alltägliches Leben weit hinausgeht, ist der Zustand, in dem wir für diese Begegnung bereit sind, weit von unserem alltäglichen Bewusstseinszustand entfernt und deshalb schwer herbeizuführen.

Mehrtägiges Fasten, Versenkung und Meditation gehören zu den Vorbereitungen. Die Einsamkeit der Wildnis und ihre potentiellen Gefahren, ein eng umgrenzter Platz, den der Suchende nicht verlassen darf, weiteres Fasten und auch der weitgehende Verzicht auf Trinken erzeugen einen Ausnahmezustand von Körper, Geist und Seele. Es ist gerade das Übermaß des Leidens an Hunger, Durst, Entkräftung und auch existentieller Angst, die den Menschen bereit machen für die Begegnung mit den Göttern oder den Geistern. (Es gibt auch noch andere veränderte Bewusstseinszustände, die eine solche Begegnung begünstigen. Darüber erfahren Sie in Kapitel 5 mehr.)

Die beiden Wirkungsebenen des Rituals, die ich bisher beschrieben habe, die Vereinigung mit uns selbst und der Gleichklang von Körper, Geist und Seele, sind die ersten Voraussetzungen dafür, dass ein Ritual funktioniert. Es gibt aber noch mehr:

3. Die magische Kraft

Jedes Ritual soll uns auch mit helfenden Kräften verbinden und sie für uns aktivieren. Damit meine ich die magischen Kräfte in uns und in der Welt in allen ihren Ausprägungen und Formen. Die Geister der Ahnen, die Schutzgeister der Gemeinschaft, das persönliche Krafttier, die Wesen des Ortes und der Zeit – all dies sind magische Kräfte, die uns helfen oder uns hindern können.

Es gibt in jedem Ritual zwei Möglichkeiten, Zugang zu diesen Kräften zu finden. Auf der einen Seite besteht die Möglichkeit, sich mit Hilfe des Rituals in bestimmte veränderte Bewusstseinszustände zu versetzen, die uns den unmittelbaren, direkten und persönlichen Zugang öffnen. Auf der anderen Seite kann das Ritual selbst eine

Art Handwerkszeug darstellen, mit dem wir den Kontakt mit den magischen Kräften herstellen und sie in das Ritual einbinden, ohne selbst in die magische oder göttliche Ebene der Welt einzutauchen.

Die oben beschriebene Visionssuche ist ein Beispiel für die erste Möglichkeit: Jede Einzelheit des Rituals zielt darauf ab, uns selbst in die Anderswelt oder die Götterwelt zu versetzen, so dass wir sozusagen unser Anliegen persönlich vorbringen können.

Ein typisches Ritual der zeremoniellen Magie wäre ein Beispiel für die zweite Möglichkeit. Der Ausführende benutzt Symbole und Zeichen, Zahlen, Beschwörungen, formelhafte Anrufungen, aber auch Dinge, magische Gegenstände oder auch Teile von Pflanzen und Tieren. Er zeichnet Hexagramme und Pentagramme, geheimnisvoll anmutende Planetensigillen, vielleicht noch verschlüsselte „Dämonennamen", er verwendet speziell aus verschiedenen Zutaten hergestellte Kerzen, Pulver und Elixiere, er studiert die Planetenstände, die Bewegungen von Sonne und Mond, verfügt über besondere Werkzeuge wie „Zauberstäbe", magische Schwerter und mehr, er lernt die genau festgelegten Sprüche und Formeln auswendig und übt den Ablauf des Rituals.

Er verbindet sich im Ritual mit seinen „Werkzeugen", deren sachgerechter Gebrauch dann die entsprechende Wirkung hervorruft.

Der Unterschied zwischen diesen beiden Arten des Rituals könnte banal erscheinen. Ihn zu verstehen stellt jedoch einen der Schlüssel für den erfolgreichen Umgang mit Ritualen dar. Das eine ist der „wilde", das andere der „formelle" Weg.

Das eine erfordert den Mut, sich in die Welt hineinzustürzen und sich ihren Fährnissen auszusetzen, es erfordert auch den Mut, sich selbst zu vertrauen und einen Fehlschlag in Kauf zu nehmen, denn ein Gelingen hängt vom Wohlwollen und der Unterstützung aller beteiligten Wesen ab. Es hängt von mir selbst, von den Geistern der Ahnen, den Kräften der Tiere, Pflanzen und anderen Wesen, von den Kräften der Orte und der Zeit, sogar vom Wohlwollen der Götter selbst ab.

Das andere erfordert die Disziplin und Ausdauer, den handwerklichen Umgang mit dem magischen Werkzeug bis zur Perfektion zu erlernen, es braucht die Ansammlung von Wissen und die Geduld, das Wissen in Handlungen umzusetzen und es fordert das Selbstvertrauen in die eigenen Fähigkeiten des virtuosen Umgangs mit den zur Verfügung stehenden Mitteln. Die Grundlage der Arbeit ist dafür jedoch die Gewissheit, dass die Handwerkszeuge unfehlbar zum gewünschten Ziel führen werden, wenn sie auf die richtige Art benutzt werden.

Gewöhnlich enthält ein Ritual beide Formen des Umgangs mit dem Magischen in unterschiedlichem Maß. Spätestens dann, wenn wir unsere eigenen Rituale entwickeln, um mit ihnen zu arbeiten, sollte uns dieser Unterschied klar sein, denn darauf beruht der Umgang mit dem Ritual – und natürlich auch die Erfolgsaussicht. Deshalb werden wir in den folgenden Kapiteln auch immer wieder auf dieses Thema zurückkommen.

4. Die göttliche Kraft

Die vierte Ebene des Rituals wendet sich an das Göttliche in der Welt und direkt an die Götter – und hier müssen wir genau unterscheiden:

Es gibt Rituale, die ausschließlich der Ehre und Verherrlichung Gottes oder der Götter dienen. Dazu gehören zum Beispiel die christlichen Gottesdienste oder die Andachts- und Verehrungsformen der anderen Religionen. Auch diese Gottesdienste bedienen sich in unterschiedlichem Maß der bisher beschriebenen Wirkungsebenen des Rituals. Zum Teil sind sie von höchster Symbolkraft, zum Beispiel bei der Umwandlung von Wein in Blut und Brot in Fleisch, zum Teil haben sie eine recht starke bewusstseinsverändernde Wirkung wie in den liturgischen Gesängen und zum Anderen dienen sie mit der Entfaltung von Prunk und Reichtum machtpolitischen Zwecken. Diese Rituale sind für gewöhnlich die Domäne der Priester.

Alle anderen Rituale, die nicht Gottesdienste sind, enthalten trotzdem Anteile des Umgangs mit den Göttern, denn jeder Schamane, jede Hexe und auch jeder Ritualmeister weiß, dass in der Welt nichts gelingen kann ohne das Wohlwollen oder zumindest die Duldung der Götter. Dabei spielt es zunächst einmal keine Rolle, welcher Religion oder Glaubensform der Teilnehmer an einem Ritual anhängt.

Mit Sicherheit lässt sich nur eines sagen: Alle Schamanen und Hexen, die ich bisher persönlich oder indirekt durch Berichte und Schriften kennengelernt habe, sind Animisten und Polytheisten, d.h., sie glauben nicht nur, sondern wissen aus eigener Erfahrung, dass Alles in der Welt belebt ist (Animismus) und dass die Götter in der Welt sind (Polytheismus)[7]. Es hat keinen Zweck, um diesen Punkt herum zu reden. Die Kenntnis von den Göttern und dem Göttlichen in der Welt kann durchaus in unterschiedliche Formen gegossen sein, sie mag auch mangels genauerer Kenntnisse und Erfahrungen verschwommen sein. Aber ohne die grundsätzliche innere Gewissheit, dass es Götter und das Göttliche in der Welt wirklich gibt, und dass ihr Wirken zusammen mit dem Handeln aller anderen Lebewesen den Weg der Welt bestimmt, ist jedes Ritual zum Scheitern verurteilt!

Sobald wir uns nicht nur auf der Spielwiese der Liebeszauber für Teenie-Hexen tummeln, sondern ernsthaft rituell arbeiten, richten sich unsere Handlungen auf das Materielle, das Magische und das Göttliche in der Welt – und wenn wir einen dieser drei Teile aussparen, werden wir keinen Erfolg haben.

---

[7] Siehe: Axel Brück, Seele, Selbst & Karma – Das schamanische Bild vom Menschen, Engerda, 2008

Alles, was in einem Ritual geschieht, braucht die Kraft der äußeren Form, um wirksam werden zu können. Die äußere Form ist nicht nur wichtig für den Körper, die Ebene des Materiellen! In ihr und nur in ihr finden Körper, Geist und Seele zusammen, jedenfalls, solange die äußere Form nicht nur eine leere Hülle, sondern vielmehr mit Leben gefüllt ist. Das gilt auch für die Hinwendung zu den Göttern. Die äußere Form der Handlung, des Wortes, der Klänge, der Bewegung bringt Körper, Geist und Seele zur Deckung, vereint das Innen mit dem Außen, formt die materiellen, die magischen und die göttlichen Kräfte in bestimmte Muster und lenkt alle diese Kräfte auf das vorgegebene Ziel.

Wie das im Einzelnen funktionieren kann, werden wir in den beiden nächsten Kapiteln genauer betrachten.

Kapitel 4
Woraus bezieht ein Ritual seine Kraft?

Ein Ritual bezieht seine Kraft unter Anderem aus der Tradition, mit der es verknüpft ist, aus seiner Einbindung in die Welt, aus steten Wiederholungen durch uns und andere Menschen, aus der Zeit, zu der es gefeiert wird, durch den Ort, an dem es stattfindet und durch die Kräfte der Menschen, die es durchführen. Dabei spielen viele verschiedene Faktoren zusammen.

Vordergründig betrachtet bezieht ein Ritual seine Kraft aus der äußeren Form. Ohne sie gibt es gar kein Ritual! Sie ist das bestimmende Element, das nicht nur alles zusammenhält, sonder auch die Kräfte aktiviert und auf das konkrete Ziel lenkt.

Hintergründig betrachtet gewinnt ein Ritual seine Kraft aus uns selbst, aus der Welt, aus den Kräften der Berge, Flüsse und Seen, aus den Kräften der anderen Menschen, der Tiere, Pflanzen und Steine, der Andersweltwesen, der Ahnengeister und nicht zuletzt aus der Anwesenheit der Götter in der Welt.

Ohne diese Kräfte nutzt die beste äußere Form nichts und ohne die äußere Form, gleich wie einfach oder komplex sie ist, können wir diese Kräfte nicht für uns wecken und für uns gewinnen. So hängt das Eine vom Anderen ab.

Die Kraft der Einbindung in die Welt

Also besteht die erste Voraussetzung dafür, dass uns ein Ritual gelingt, in etwas, dass mit dem Einzelfall des Rituals erst einmal gar nichts zu tun hat: Wenn wir mit den Kräften der Welt nicht leben, werden wir uns ihnen auch nicht nähern können, wenn wir uns nicht durch den täglichen Umgang mit ihnen vertraut machen, werden sie auch nicht für uns und mit uns da sein, wenn wir sie brauchen oder ihnen begegnen wollen.

Viele Christen in Mitteleuropa haben die Verbindung zu ihrem Gott verloren. Ein- oder zweimal im Jahr gehen sie in die Kirche, zu Weihnachten oder zu Ostern. Sie tun dies, weil es schön ist, zur Stimmung der Jahreszeit passt, oder aus einem vagen Gefühl heraus, dass ihnen etwas fehlt.

Allerdings werden sie auf diese Weise ihrem Gott wohl eher nicht begegnen können. Es ist die tägliche, stündliche Präsenz, die ständige Gegenwart Gottes und die ständige Erinnerung und Vergegenwärtigung, die die Nähe des Gläubigen zu ihm überhaupt erst möglich macht, weniger die seltene oder einmalige Ausnahmesituation.

Früher einmal läuteten in christlichen Gegenden der Welt die Glocken mehrmals am Tag, um zum Gebet zu rufen. Alle Menschen, die das Läuten hörten, hielten einen Augenblick in ihrer Tätigkeit inne, um ein kurzes Gebet zu sprechen und sich so der Anwesenheit Gottes zu vergewissern, bevor sie ihre Arbeit wieder aufnahmen.

Wenn wir noch etwas weiter zurückblicken, in die Zeit vor der Christianisierung, dann erfahren wir, dass jede Tätigkeit mit einem kleinen Ritual verbunden war, das die Menschen mit den Kräften der Welt und so natürlich auch mit allen Wesen verband. Der Beginn und das Ende der Ernte wurden zum Beispiel mit besonderen Ritualen, Dank- und Bittopfern gefeiert. Der ersten und der letzten Garbe wohnte eine besondere Kraft inne, die zum Nutzen der Menschen oder als Dank an die Fruchtbarkeit der Erde besonders geachtet wurde. Selbst das Sensen der Halme und das Binden jeder einzelnen Garbe war mit einer kleinen rituellen Handlung verbunden, die auch dazu diente, die Feldarbeiter ständig in Kontakt mit dem Magischen und dem Göttlichen in der Welt zu halten.

Das mag uns im Zeitalter des Mähdreschers seltsam und überflüssig erscheinen. Bestenfalls, wenn mal wieder ein Rehkitz von den Messern eines Mähdreschers zerfetzt wurde, halten wir einen Augenblick inne und erschrecken – vielleicht.

Ich will hier keinesfalls zu einer Kritik unserer Zivilisation ansetzen, denn das würde ins Uferlose führen und wäre auch völlig fruchtlos. Worauf ich mit diesen Worten hinweisen will, ist etwas Anderes: Ich werde immer mal wieder gefragt: „Wir wollen heiraten, kannst Du nicht ein Ritual für uns machen?" Natürlich kann ich das, aber ich frage mich manchmal, was es nutzen könnte und ob es tatsächlich sinnvoll ist, denn:

Die erste, wichtigste und auch unverzichtbarste Voraussetzung für Rituale ist unser Respekt und unsere Achtsamkeit gegenüber der Welt und den Wesen in ihr. Dazu gehören eben nicht nur die Wesen der Alltagswelt, sondern auch die magischen und göttlichen, die Kleinen Leute in Haus, Flur und Wald, die Elementarwesen der Landschaft, die Ahnengeister, die Götter selbst und alle Anderen, die ich hier nicht benannt habe. Dazu gehört auch das Bewusstsein, dass wir Teil sind, Teil der Welt und der Gemeinschaft aller Wesen. So etwas wie „Umwelt" gibt es nicht, denn das wäre etwas um uns herum, von dem wir nicht Teil sind. Wir sind mittendrin, unauflöslich eingebunden in die Gemeinschaft aller Wesen und mit ihnen zusammen verantwortlich für die Welt und damit auch für uns selbst.

Wenn wir das wissen, fühlen und glauben, dann haben wir den unmittelbaren Zugang zu der stärksten und grundlegenden Kraft, die in den Ritualen wirkt, die Kraft der Einbindung in die Welt und das Zusammenwirken mit ihren Kräften.

Natürlich hat die äußere Form eines Rituals eine eigene Kraft, die auch dann auf uns wirkt, wenn wir nicht verstehen, womit sie gefüllt ist – deshalb sage ich gewöhnlich auch nicht nein, wenn die Frage nach einem Hochzeitsritual oder Ähnlichem an mich herangetragen wird, denn ein nur bedingt wirkendes Ritual ist meist immer noch besser als gar keines.

Die Kraft der Wiederholung

In jedem Ritual steckt eine Kraft, die durch die Wiederholung gestärkt wird. Das hat mehrere Aspekte.

Auf der einen Seite erzeugt die Wiederholung eine Art Trainingseffekt. Nur weil Sportler regelmäßig trainieren und Pianisten den größten Teil ihrer Tage mit Üben verbringen, können sie den Ablauf ihrer Handlungen so perfektionieren, dass sie die größtmögliche Effektivität und Leistung aus ihnen ziehen können. Das verstärkt allerdings nicht die Kraft des Rituals selbst, wohl aber die Kraft desjenigen, der es ausführt. Diese Kraft der Wiederholung füllt nicht das Ritual, sondern den „Ritualisten". Deshalb ist dies auch eher eine Kraft psychologischer und physiologischer Art und weniger eine magische oder göttliche, obwohl auch diese Komponenten niemals fehlen.

Die andere Kraft der Wiederholung ist deshalb auch viel wichtiger: Jede Wiederholung eines Rituals, gleich wo und von wem es durchgeführt wird, fügt diesem Ritual eine Kraft hinzu, die allen Anderen, die dieses Ritual feiern, ebenfalls zur Verfügung steht. Darin liegt zugleich ein Geschenk und eine Gefahr.

Das Geschenk besteht natürlich darin, dass jeder, der ein bestimmtes Ritual ausführt, die daraus gewonnene Kraft allen Anderen zur Verfügung stellt, die nach ihm kommen. Die Gefahr besteht darin, dass die unsachgemäße, nachlässige Durchführung oder die aus den falschen Beweggründen entstehende Verfälschung oder Veränderung eines Rituals im Gegenzug von seiner Kraft abzieht oder sie sogar ganz zerstören kann.

Das ist auch der eigentliche Grund dafür, dass viele indianische Medizinmänner, Älteste und Schamanen so entsetzt darüber sind, dass wir Europäer uns in einem Akt von gedankenlosem Kulturimperialismus ihre Rituale aneignen, meist ohne zu fragen und vor allem ohne nachzudenken.

Hinzu kommt noch, dass jedes Ritual sich auch an die Götter wendet oder (im Falle der großen Rituale) ein Götterdienst ist. Jede Schwitzhütte zum Beispiel ist nach unserem Verständnis ein Gottesdienst. Stellen Sie sich einmal vor, wie ein gläubiger Christ reagieren würde, wenn Angehörige anderer Völker und anderer Religionen einen christlichen Gottesdienst imitieren würden, weil sie gerade mal auf einem Selbstfindungstrip sind oder „nach einer Erfahrung suchen"!

Und weil eben jedes Ritual dieses Element enthält, können wir es nicht richtig machen, wenn wir es nicht wirklich verstehen – und wirklich verstehen könnten wir es nur, wenn wir der Lebens- und Glaubensgemeinschaft angehören, der dieses Ritual eigentlich gehört.

Dazu kommt noch etwas Anderes, mindestens ebenso Wichtiges: Ein Ritual erzeugt ein morphogenetisches (formgebendes) Feld und jede Wiederholung stärkt dieses Feld. Dieses Feld heißt deshalb formgebend, weil es als reine Information das Muster der Kräfte und anderen Erscheinungen der Welt abbildet, die im Ereignis – also im Ritual – in dieses Muster gebracht werden. Daraus folgt, dass nur eine „richtige", also äußerlich und innerlich der Tradition entsprechende Durchführung des Rituals dieses formgebende Feld stärkt, während ebenso folgerichtig eine „falsche" Durchführung diesem Feld Kraft abzieht. Deshalb sollten wir Europäer unsere gierigen Finger von den Ritualen anderer Völker lassen. Es ist natürlich völlig in Ordnung teilzunehmen, wenn wir eingeladen werden, oder auch zu lernen und eine entsprechende Autorisierung für die Durchführung von Ritualen auf diesem Wege zu erlangen – aber „nur so", Kraft unserer eigenen Wassersuppe, sollten wir uns eher auf unseren eigenen Teil der Welt und unsere eigenen Traditionen und Kräfte besinnen, statt uns an Dingen zu vergreifen, von denen wir nun einmal nichts verstehen können.

Doch zurück zur Kraft der Wiederholung: Jedes Ritual besteht aus mehreren „Bausteinen", die sozusagen universell verwendbar sind, in vielen Ritualen vorkommen oder vorkommen können und die zum Teil auch kulturübergreifend in den Ritualen anderer Völker ausgeführt werden. Für jeden dieser Bausteine gilt die Kraft der Wiederholung ebenso wie für ein vollständiges Ritual. Es gibt ein formgebendes Feld für jeden Baustein und ein formgebendes Feld für das Ritual insgesamt. Deshalb können wir auch in einem völlig neuen Ritual, das wir zum ersten Mal (und vielleicht auch nur ein einziges Mal für einen bestimmten Zweck) durchführen, auf die Kraft der Wiederholung zurückgreifen, die in jedem einzelnen seiner Elemente steckt. (Wie das in der Praxis funktioniert, werden wir in Kapitel 7 genauer betrachten.)

Wenn ein Ritual zum Beispiel dem Kontakt, der Begegnung mit den „Kleinen Leuten" dient, dann wird dieses Ritual jedes Mal stärker, wenn wir es durchführen – und damit wird auch der Kontakt zu den Kleinen Leuten intensiver. Und da das formgebende Feld des Rituals auch existiert, während das Ritual nicht ausgeführt wird, dürfen wir davon ausgehen, dass auch die Verbindung zwischen den Kleinen Leuten und uns außerhalb des Rituals stärker wird.

Dazu zwei Anmerkungen:

1. Die Kleinen Leute, also die Wesen, die uns in den Märchen und Sagen als Zwerge, Kobolde, Baum- oder Quellwesen, als Feen, als Nixen, Nöxe oder Anderes begegnen, sind eigentlich Wesen der Anderswelt, die sich soweit in unserer Alltagswelt manifestieren können, dass wir sie wahrnehmen und vielleicht auch Kontakt mit ihnen aufnehmen können, ohne selbst vollständig in die Anderswelt einzutauchen.

2. Es gibt immer wieder Spekulationen darüber, warum die Kleinen Leute sich unserer Wahrnehmung entziehen, oder ob es sie überhaupt gibt und nicht nur in den Bereich der Märchen und Sagen verwiesen werden müssen. Dazu sind zwei Dinge anzumerken:

Erstens dürfte es wohl ohne weiteres einleuchten, dass wir die Welt zu einem ausgesprochen unwirtlichen Ort für die Kleinen Leute gemacht haben. Entweder sie sterben aus, wie viele Tiere und Pflanzen in unserem Teil der Welt, oder sie ziehen sich in die Anderswelt oder andere Teile der Alltagswelt zurück.

Zweitens hatten unsere Vorfahren durch ihre Rituale, sogar durch ihre gesamte Lebensweise regelmäßigen Kontakt mit den Kleinen Leuten und durch die schiere Wucht der Kraft der Wiederholung waren die Übergänge zwischen den verschiedenen Ebenen der Welt viel durchlässiger als sie es heute sind.

Diese beiden Dinge kommen zusammen und werden vom allgemein vorherrschenden Unglauben noch extrem verstärkt, denn der Unglaube ist eine sehr starke negative magische Kraft, die nicht nur die Grenzen zwischen Alltagswelt, Anderswelt und Götterwelt versperrt, sondern auch die magische Kraft in der Welt selbst schwächt. Das ist übrigens nicht nur ein Hemmnis im rituellen Umgang mit den Kleinen Leuten. Der Unglaube als magische Kraft ist ebenso ein morphogenetisches Feld wie alles Andere auch, und deshalb müssen wir damit leben, dass nicht nur alle magischen Operationen, Rituale und Anderes, viel schwächer geworden sind als sie es einmal waren und dass deshalb auch das beste Ritual heute nicht mehr die Kraft haben kann, die es einmal gehabt hat.

Fassen wir also zusammen:

Jedes Ritual gewinnt durch Wiederholung an Kraft. Deshalb auch sind alte, traditionelle Rituale wirkungsmächtiger als neue, nur einmal ausgeführte (die allerdings dafür vielleicht genauer auf eine bestimmte Zeit, einen bestimmten Ort oder einen bestimmten Anlass eingestimmt sein können). Deshalb fühlen sich Europäer auch zu den Ritualen anderer Völker hingezogen, deren Traditionen noch lebendig sind. Ein indianischer Sonnentanz zum Beispiel bezieht einen großen Teil seiner Kraft einfach aus der Tatsache, dass er seit undenklichen Zeiten in gleicher Form immer wieder gefeiert wird.

Wir Mitteleuropäer haben eigentlich keine Rituale mehr, deren Kraft auch nur annähernd so weit in die Vergangenheit zurückreicht. Worauf wir zurückblicken können, sind die christlichen Gottesdienste und Feiern, die aber nach den Maßstäben anderer Völker nicht wirklich alt sind und vor allem kommen sie nicht aus unseren eigenen Wurzeln. Vielmehr wurden sie uns im Laufe der Zwangschristianisierung vor gerade mal etwas mehr als einem Jahrtausend übergestülpt.

Und doch gibt es sie noch: der Maibaum und die mit ihm verknüpften Feiern, das Osterfeuer und seine Bräuche, die in ländlichen Gegenden noch gepflegt werden, die Sonnwendfeuer, die brennenden Sonnenräder, die in einigen Gegenden Thüringens und anderswo noch die Hügel hinab gerollt werden, die Raunächte und vieles mehr. Das sind Rituale, die bis in unsere Zeit überlebt haben, auch wenn gewöhnlich nicht einmal mehr diejenigen ihre Bedeutung kennen, die sie regelmäßig feiern und so am Leben erhalten.

Ein Beispiel dafür möchte ich Ihnen berichten: Vor etlichen Jahren war ich einmal über Ostern von Freunden eingeladen, die ein Haus in der Nähe von Aurich in Ostfriesland hatten. Am Ostersamstag erzählten sie mir, dass sie von der Dorfgemeinschaft eine Einladung zum Osterfeuer bekommen hatten und baten mich, sie dort würdig zu vertreten. Sie erzählten, dass bei dieser Gelegenheit unendlich viel gesoffen würde und sie glaubten (warum auch immer), dass ich der Gelegenheit besser gewachsen wäre als sie.

In der Tat war der erste Anblick des Festortes auch eher bedenklich. Die Feier fand in einem Schuppen am Rand der Felder statt und vor diesem Schuppen waren einige leere Schubkarren nebeneinander aufgereiht wie Autos auf dem Parkplatz. Als ich vom Ortsbürgermeister begrüßt worden war, fragte ich ihn, welchem Zweck denn die Schubkarren dienen würden. Er grinste und antwortete: „Die stellen unsere Frauen dahin, um die, die nachher nicht mehr gehen können, nach Hause zu karren."

Nun denn, ich schob meine Bedenken beiseite und betrat den Schuppen. Innen waren Heuballen aufgestapelt, auf denen schon der größte Teil der Teilnehmer Platz genommen hatte. Bier wurde aus der Flasche getrunken und die Frauen servierten den Schnaps. Es gab nur zwei Gläser, eines für den „Braunen" und eines für den „Weißen". Jedes Mal, wenn ein Glas getrunken war, gingen die Frauen durch die Mitte des Raumes, blieben dort einen Augenblick stehen, drehten das Glas um und warteten, bis die Neige auf den gestampften Lehmboden getropft war. Später nutzte ich eine Gelegenheit, um zu fragen, warum sie das so machten. Und wegen der Antwort erzähle ich diese Geschichte. Sie lautete: „Das weiß ich nicht. Aber das haben wir schon immer so gemacht."

Es erfordert keine besondere Kühnheit oder Gedankenschärfe, um in dieser kleinen Geste ein Trankopfer an Mutter Erde zu erkennen, das in dieser oder ähnlicher Form etliche Jahrtausende bis auf den heutigen Tag überlebt hat. Warum also hängen wir uns nicht einfach an diese überlieferte Form? Es gibt da noch viel mehr Dinge, die ihre Kraft aus unserer eigenen Geschichte und unserem eigenen Land beziehen, wir müssen sie nur finden, verstehen und nutzen, um auf diese Weise von der Kraft der Wiederholung zu profitieren.

Allein in diesem Fest des Osterfeuers gab es noch einige andere Momente, die sich ohne weiteres zu einem vollständigen Ostara-Ritual zusammensetzen ließen. Da waren zum Beispiel die „Teufelsgeiger", eine Gruppe von Kindern aus dem Dorf, die um Mitternacht auftraten und eine sehr seltsame Art von Musik machten. Sie hatten eine „Teufelsgeige", also ein tragbares Monochord, eine Rassel, zwei Trommeln und eine Pfeife (also alles schamanische Musikinstrumente[8]). Zu einem einfachen Vierer-Rhythmus sangen sie einen Text im örtlichen Dialekt, dessen Übersetzung mir jedoch niemand verraten wollte oder konnte.

Um diesen Teil in seiner rituellen Wirkung zu verstehen, müssen wir wissen, dass der Teufel eine von der christlichen Kirche geschaffene Figur ist, deren Gestalt sich direkt auf den gehörnten Mann, den von unseren Ahnen und anderen Völkern verehrten Gott der Lust und der Fruchtbarkeit bezieht. Außerdem sollte man wissen, dass die Klänge aller schamanischen Musikinstrumente eine bewusstseinsverändernde Wirkung haben und deshalb nicht aus den Ritualen unserer Vorfahren wegzudenken waren.

Auch das Osterfeuer selbst, seine Entzündung, sein Abbrennen und sein Bewachen, stellt einen wesentlichen Teil des Ostara-Rituals dar.

---

[8] Siehe hierzu: Brück, Axel, Schamanische Ritualmusik und die Kraft der Klänge, Engerda, 2005

Wenn wir nun noch wissen, dass das christliche Osterfest kalendarisch an das alte heidnische Ostara-Fest angehängt wurde[9], um die Menschen vom Feiern des alten Festes abzuhalten, dann haben wir schon alle wichtigen Bausteine in der Hand, um die Kraft der Wiederholung für ein entsprechendes Ritual in Anspruch nehmen zu können. (Ach übrigens: Ich habe den Rückweg dann doch ohne Schubkarre und ohne fremde Hilfe geschafft.)

Die Kraft des Ortes und der Zeit: die Zeit

Rituale können, wenn sie persönlicher Art sind, an einem Ereignis hängen (Geburt, rituelle Taufe, Übergangsritual, Hochzeit, Tod), andere wiederum an einer bestimmten Zeit, wie zum Beispiel die Jahresfeste von Sonne und Mond, manche an einem bestimmten Ort, der „heilig", besonders kraftvoll, der Wohnort Kleiner Leute oder in anderer Weise bemerkenswert ist, und einige „nur" an der sich bietenden Gelegenheit.

Was auch immer jeweils zutrifft, der Ort und die Zeit geben dem Ritual auch eine besondere Kraft.

Beginnen wir mit dem einfachsten Beispiel, den von Sonne und Mond abhängenden Festen. Jede Zeit im Jahr hat ihre besondere Qualität, die wir spüren und die uns und unser Befinden beeinflusst. Selbst für uns in dieser Hinsicht meist eher abgestumpften Mitteleuropäer wird dies immer noch am Wechsel der Jahreszeiten deutlich.

Wenn es zur Zeit der Tag-und-Nachgleiche am 21./22. September Herbst wird, bemerken wir dies nicht nur an den Veränderungen des Wetters und an den Verfärbungen der Blätter. Auch in uns bereitet sich ein Wandel vor, der uns und unseren Lebenswandel auf die dunkle Jahreszeit vorbereitet. Umgekehrt spüren wir zur Frühjahrs-Tag-und-Nachtgleiche (21./22. März) die Aufbruchsstimmung, das Wiedererwachen der Kräfte und Wachsen der Fruchtbarkeit in der Welt. Damit haben wir Heutigen es durchaus schwer, denn unser Lebenswandel, unsere Arbeitszeiten und auch unsere künstlich beheizte und beleuchtete Umgebung machen es uns nicht leicht, diese Veränderungen in den Kräften zu spüren – und deshalb schieben wir sie gewöhnlich auf das Wetter.

Wie aber steht es mit den Sonnenwenden? Wer einmal genau in sich hineinhorcht, wird bemerken, dass in der Zeit der Sommersonnenwende (21./22. Juni) und auch der Wintersonnenwende (21./22. Dezember) nicht nur die Tage besonders lang oder besonders kurz sind, sondern dass die Zeit insgesamt langsamer zu vergehen

---

[9] Das Ostara-Fest wurde ursprünglich zur Frühjahrs-Tag-und-Nachtgleiche gefeiert, also um den 21./22. März. Sein Ende wurde durch den ersten Vollmond nach diesem Sonnenereignis markiert. Deshalb ist Ostern heute ein bewegliches Fest: Es findet am ersten Sonntag nach dem ersten Vollmond nach der Frühjahrs-Tag-und-Nachtgleiche statt.

scheint, sie fließt eher träge dahin statt wie zu den Tag-und-Nachtgleichen voran zu stürmen.

So hat jede Zeit im Jahr ihre besondere Kraft, sie zeigt uns das Zusammenwirken der Wesen in der Drehung des Jahresrads und das Wirken der Kräfte in der Welt. Diese Kräfte bestimmen immer noch unser Leben, auch wenn die meisten Menschen dies gar nicht mehr unmittelbar bemerken, weil sie in einer weitgehend künstlichen Welt leben und arbeiten.

Wer für das Weihnachts-Menü zum Nachtisch frische Erdbeeren kauft, für den „bunten Teller" erntefrische Äpfel, Weintrauben und Apfelsinen wiederum aus einem anderen Teil der Welt, kann kaum noch bemerken, welche Kraft, welche Möglichkeiten und auch welche Gefahren in dieser Jahreszeit und diesem Weihnachtsfest (einem Nachklang des Modhro-Festes zur Wintersonnenwende) stecken. – Und doch sollten wir nicht auf die Kraft in dieser Zeit, in jeder Zeit, verzichten, die sich uns in den Ritualen der Jahresfeste offenbart und zur Verfügung stellt.

Unser Leben besteht nun einmal aus einer begrenzten Zahl von Umdrehungen des Jahresrads und wenn wir versuchen, diese Einbindung zu vergessen oder zu verdrängen, dann versuchen wir zugleich, das Bewusstsein unserer eigenen Vergänglichkeit zu verdrängen. Dadurch laufen wir Gefahr, uns scheinbar von der Welt und ihren Kräften abzukoppeln und die Kostbarkeit der Lebendigkeit (unserer eigenen ebenso wie die anderer Wesen) gering zu schätzen und so unser Leben auch weniger zu genießen.

Außerdem fehlt ohne die Verbindung zu den besonderen Qualitäten der Zeiten in uns etwas, nämlich die Kraftquelle für unser alltägliches Leben, die diese Einbindung in die Natur uns zur Verfügung stellt.

Deshalb auch empfinden viele Menschen den Herbst nur noch als deprimierend und den Winter als die Jahreszeit, in der Autofahren schwierig wird. Dabei steckt in ihnen eine Kraft der Ruhe, der Sammlung nach innen und der Wiederkehr, die uns selbst dann stärkt, wenn wir „ganz normal" unserer Arbeit nachgehen müssen wie zu jeder anderen Jahreszeit auch.

Wie das Jahr, so hat auch das Rad der Mondzyklen oder der Tage eine Einteilung, die sich nach den Veränderungen der Kräfte richtet. Deshalb werden manche Rituale eher in der Nacht, andere am Tag, nach Sonnenaufgang, zur Mittagszeit oder zum Sonnenuntergang durchgeführt, um die besonderen Kräfte der jeweiligen Zeit zu nutzen oder zu ehren. Darüber wird in Kapitel 11 noch zu sprechen sein, hier möchte ich nur noch einen Aspekt der richtigen Zeit, des richtigen Augenblicks erwähnen, der manchen Ritualisten Kopfzerbrechen bereitet.

Wie wichtig ist es, den genauen Zeitpunkt abzupassen? Manche sagen, dass man sich auf sein Gefühl verlassen sollte. Wenn ich fühle, dass es Vollmond ist (wenn ich es sehe, abschätze, oder in den Knochen spüre), dann ist es eben Zeit für ein Vollmondritual. Oder sollte ich lieber in die Ephemeriden schauen und das Vollmondritual am 23. um genau 3 Uhr 45 morgens beginnen?

Auf der einen Seite haben unsere entfernten Vorfahren gewaltige Anstrengungen unternommen, um mit Hilfe von Steinkreisen und anderen „astronomischen Gerätschaften" diese Termine sowie Sonnen- und Mondfinsternisse sehr genau und im Voraus bestimmen zu können.

Hier sei eine Anmerkung gemacht: Manche Archäologen behaupten, die genaue Bestimmung dieser Zeiten wäre für die Landwirtschaft, also zum Beispiel für die Bestimmung des Zeitpunktes von Saat und Ernte wichtig gewesen. Ich halte das für Unfug. Das Wetter hält sich nur sehr bedingt an die astronomischen Eckpunkte der Jahreszeiten und jeder Landwirt, der mit der Natur in Einklang lebt, weiß – oder wusste zumindest einmal – wann es Zeit für die landwirtschaftlichen Tätigkeiten war. Es dürfte tatsächlich eher die genaue Bestimmung des richtigen Zeitpunkts für Rituale gewesen sein, die mit diesen Anstrengungen möglich wurde. Das sagt uns also etwas darüber, wie wichtig unseren Vorfahren der genaue Zeitpunkt war.

Auf der anderen Seite werden damals viele Rituale genau dann durchgeführt worden sein, wenn jemand, sinnbildlich gesprochen, den feuchten Finger in die Luft gehalten hatte, um zu fühlen, woher der Wind wehte.

Ich denke, die Wahrheit, also das rechte und zuträgliche Maß an Genauigkeit, lag in der Mitte: So genau wie nötig, aber mit den vorhandenen Mitteln zu bewerkstelligen. Anders gesagt: Wer wirklich mit und in der Natur lebt, wird wissen, spüren, wann der richtige Augenblick gekommen ist. Wer eher in der Stadt zu Hause ist und nicht einmal so genau weiß, wo eigentlich Norden ist, weil er es nicht spürt, sollte vielleicht doch eher den Kalender zu Rate ziehen.

Die Kraft des Ortes und der Zeit: der Ort

Ähnlich wie die Zeit, so hat auch jeder Ort seine besondere Qualität. Die „alltäglichen", einfachen Orte, unser Heim, der Garten, der Park in der Stadt, der Wald am Stadtrand, auch die Felder, sogar ein Fabrikhof – jeder dieser Orte unterscheidet sich von allen anderen Orten und hat deshalb auch eine besondere Qualität, die wir berücksichtigen und nutzen sollten, wenn wir ein Ritual machen wollen. Einfache, alltägliche Rituale an einfachen, alltäglichen Orten – das ist eine gute Regel. Dennoch gibt es das Eine oder Andere zu berücksichtigen. Wenn wir zum Beispiel den Kleinen Leuten als tägliche Aufmerksamkeit eine Kleinigkeit opfern wollen, ein Schälchen Milch, ein Stückchen Brot oder Ähnliches, dann wäre es gut, diese Dinge nicht irgendwohin zu stellen. Schließlich würden wir das Winterfutter für die Vögel ja auch nicht dort ausstreuen, wo die Katze ständig vorbei läuft oder gelegentlich das Auto abgestellt wird. Wenn wir das Glück haben, über einen Hof zu verfügen, dann werden wir sicher auch einen Holunderbusch[10] haben. Dessen Schutz wäre durchaus

[10] Der Holunderbusch oder Hollerbusch, manchmal auch Elderbaum genannt, schützt Haus und Hof und ist Frau Holle, also Mutter Erde geweiht. Dort, wo er wächst, gibt es immer einen Zugang in die Anderswelt. Deshalb ist der Holunder ein heiliger Baum, der gehegt und gepflegt werden sollte!

ein geeigneter Ort für unser Opfer, schon allein deshalb weil er uns im Bewusstsein seiner besonderen Kraft für einen kleinen Augenblick der Besinnung einlädt.

Aber auch wenn wir mitten in der Stadt in einem oberen Stockwerk leben, müssen wir auf ein solches Opfer nicht verzichten: Der Balkon oder notfalls eine Fensterbank oder ein Blumenkasten tun es auch. Wie immer gilt: Improvisiert und gemacht ist immer noch wesentlich besser als perfekt nichts getan.

Lassen Sie sich übrigens nicht von Leuten beirren, die Ihnen weismachen wollen, dass der Igel oder Nachbars Hund das Brot frisst oder die Katze die Milch trinkt! Das versteht sich schließlich von selbst und sollte auch so sein. (Deshalb wäre im Fall des Blumenkastens oder der Fensterbank auch Vogelfutter als Opfer nicht schlecht.) Es ist die Tatsache des Opferns und die dadurch entstehende Verbindung, die zählt, und so wie unsere Vorfahren das Fleisch der Opfertiere als rituelles Mahl selbst verzehrt haben, so sollte die Katze die Milch haben.

Doch nun zu den besonderen Orten: Überall in unserem Land gibt es besondere Orte. Orte mit einer Kraft, die sie für „große" Rituale besonders geeignet machen. Diese besondere Kraft kann aus dem Ort selbst herrühren oder daraus, wie er in der Tradition genutzt wurde. Alte Kultstätten und Opferplätze, heilige Orte unserer Ahnen, haben sich manchmal noch ein wenig von der Kraft bewahrt, mit der sie einst aufgeladen wurden. Meistens allerdings ist diese Kraft heutzutage verschwunden, durch zweckentfremdete Nutzung oder einfach nur durch die erodierende Kraft des Tourismus. Am ehesten finden wir Kraft noch dort, wo die rituelle Nutzung des Ortes mit seinen natürlichen Erdkräften (den geomantischen Kräften) zusammenkommt. Wer sich für Radiästhesie interessiert, wird in einschlägigen Veröffentlichungen die Beschreibungen solcher Orte finden.

Generell finde ich es allerdings besser, sich selbst auf die Suche zu machen, denn Kraftorte lassen sich überall aufspüren. Selbst in einem domestizierten Wald, einem „Gefängnis der Bäume", wie Tolkien es genannt hat, finden sich völlig überraschend Stellen, die sich eine ursprüngliche Kraft bewahrt haben, Orte, an denen es vielleicht Kleine Leute gibt, oder vielleicht „nur" Stellen, an denen die Erdkräfte in einem besonderen Muster zusammenfließen.

Sogar mitten in Berlin habe ich zwei Stellen von ungewöhnlicher Kraft gefunden, beide in Parks, für jedermann leicht zu erreichen und zugänglich. Wenn ich länger in Berlin geblieben wäre, hätte ich sicher noch mehr solcher Plätze aufgespürt.

Doch eigentlich ist die Ansiedlung nicht der rechte Ort für Rituale. Deshalb auch hatten unsere Vorfahren in ihren Siedlungen meist nur kleine „Andachtsstätten", während die eigentlichen Ritualplätze sich gewöhnlich außerhalb der Ortsgrenzen befanden: Heilige Haine, Thingplätze, Ritualkreise auf Hügelkuppen, Höhlen und andere besondere Stellen waren die Versammlungsplätze für rituelle Feiern. Feste Häuser, prachtvolle Bauten zur Ehre der Götter (und so ganz nebenbei als Machtdemonstration) kamen in unseren Teil der Welt erst zu einem geringen Teil mit den römischen Besetzern und dann später mit der Zwangschristianisierung.

Das ist eigentlich auch sehr einleuchtend: In unseren Ritualen geht es ebenso wie früher um die Verbindung mit den Kräften der Welt und aller Wesen in ihr ebenso wie um die Präsenz der Götter, die nun einmal in der Welt leben und nicht wie die Vorstellung vom christlichen Gott außerhalb der Welt angesiedelt werden. Deshalb ist die freie Welt draußen, die Natur, im Prinzip immer der bessere Ort für ein Ritual. Die steinernen Bauten überlassen wir Anderen, es sei denn, wir brauchen für bestimmte Gelegenheiten ein festes Dach über dem Kopf.

Ich erwähnte bereits, dass selbst jeder domestizierte Wald Kraftorte aufweisen kann, die sich mit Geduld und Achtsamkeit auch aufspüren lassen. Natürlich gibt es auch die besonderen Orte, die wir nutzen können. Dafür möchte ich einige positive wie negative Beispiele nennen.

Die Externsteine halte ich für ein negatives Beispiel. Abgesehen davon, dass die Behörden aktiv und offensiv wegen „brauner Umtriebe" die rituelle Nutzung dieses Ortes zu verhindern suchen, ist seine Kraft in der Tat bedenklich: Zunächst einmal sind nach meiner Wahrnehmung die alten Kräfte der Externsteine völlig zerstört – und was nach der Christianisierung noch übrig war, wurde in den letzen 150 Jahren durch Tourismus zertrampelt. Darüber hinaus hat die wiederholte Nutzung seit der nationalsozialistischen Zeit in der Tat den „braunen Ungeist" zu diesem Ort getragen und ein morphogenetisches Feld aufgebaut, das jedes Ritual in seinen Bann ziehen würde. (Natürlich ließe sich ein solches Feld auflösen. Doch mit einem netten Ritual und einem Stein oder etwas Ähnlichem wäre es da nicht getan. Derartige negative Kräfte sind sehr stark und es wäre wahrscheinlich eine Lebensaufgabe und wohl auch nur mit dem Segen der Behörden möglich, ausreichend starke Gegenkräfte aufzubauen. Doch da Behörden nun einmal nicht an die Kraft der Rituale glauben, dürfte ein solcher Versuch auf absehbare Zeit zum Scheitern verurteilt sein. Also sollten Wohlmeinende eher einen Bogen um diesen und ähnliche Orte machen.)

Ein Beispiel für einen aus völlig anderen Gründen ziemlich ungeeigneten Ort ist das Oderbruch, eine Landschaft östlich von Berlin, direkt an der polnischen Grenze. Die Geschichte dieses Landstrichs ist deshalb so kurios, weil er in seiner heutigen Form erst vor etwas mehr als 250 Jahren entstanden ist. Der Alte Fritz ließ damals die Oder begradigen und eindeichen. So sollte das sumpfige Land trockengelegt und zur „Kornkammer Berlins" umfunktioniert werden. Ich habe einige Zeit im Oderbruch gelebt und die Gelegenheit genutzt, die Landschaft zu erkunden. Es war sehr merkwürdig, denn noch nie zuvor hatte ich eine Landschaft kennengelernt, die so neutral war, so gleichmäßig frei von Kräften jeder Art. Es soll einstmals einige Orte der Verehrung in dieser Sumpflandschaft gegeben haben, zum Beispiel eine kleine Insel mit dem Heiligtum einer Schlangengöttin (vielleicht ein Andersweltwesen besonderer Art). Doch nichts davon existiert mehr oder lässt sich auch nur erahnen. Und auch in Bezug auf die Erdkräfte ist dieser Landstrich völlig neutral: flach wie ein Brett und mit gleichförmigem Untergrund, der – bildhaft gesprochen – auf einer uniformen Wasserfläche schwimmt. So gibt es nirgendwo im Oderbruch eine Stelle, die aufgrund ihrer Kräftekonstellation besonders geeignet für Rituale wäre. Umgekehrt wird allerdings ein Schuh daraus: Es gibt auch keine Stelle, die besonders ungeeignet wäre. (Für die Bewohner des Oderbruchs sei gesagt, dass es in unmittelbarer Umgebung einige wunderbare Kraftplätze gibt, so zum Beispiel den Baa-See im Westen oder den Rabentanzplatz in den nördlichen Hügeln in der Nähe von Neuenhagen.)

Die Milseburg (ein Berg in der Rhön, bekannt und touristisch interessant durch die Reste einer ausgedehnten keltischen Siedlung) bietet uns ein doppeltes Beispiel, ein positives wie ein negatives: Auf der einen Seite gibt es auf dem Gipfel ein dreifaches Gipfelkreuz, das nicht nur den Ausblick verdirbt, sondern durch seine Platzierung auch alle Kräfte der Umgebung aufsaugt und in einem konstanten Zug in die Luft pustet und direkt unterhalb des Gipfels die Gangolf-Kapelle, die etwas sehr Düsteres an sich hat, wahrscheinlich weil sie die eigentliche Kraft dieser Stelle (an der ein früheres keltisches Heiligtum vermutet wird) unterdrückt. Das positive Beispiel ist der alte Kult- und Ritualplatz am Fuß des Berges. Er ist archäologisch nicht gesichert. Aber ich stieß auf ihn, weil dieses ebene Stück Land und das angrenzende Feld auf der Karte als „Danzwiesen" bezeichnet werden. Als ich dann weiter nachforschte, fand ich zwei ortsgebundene Sagen über die Danzwiesen. Die eine handelt von dem Riesen der Milseburg (in dem man ein Ortswesen vermuten darf) und die andere beschreibt diesen Ort als Tanzplatz aus grauer Vorzeit. Als ich die Stelle dann vor Ort in Augenschein nahm, fand ich am Rand des Platzes in einem kleinen Buchenhain eine mit einem gerade noch erkennbaren Steinwall umfriedete Stelle in deren Mitte sich ein Baum, ein Stein und eine Quelle befand: Was will man mehr? Sicher, der Baum war relativ jung und was es mit dem Alter von Stein und Quelle auf sich hat, weiß ich – archäologisch betrachtet – auch nicht. Aber wir haben einige Male an diesem Platz ein rituelles Fest gefeiert und die Kraft sehr wohl gefühlt. Eines dieser Rituale fand zu Ehren der Sommersonnenwende statt – und in dem Augenblick, in dem wir unsere Instrumente nahmen, um die rituelle Musik anzustimmen, füllte sich der Platz innerhalb von Sekunden mit Myriaden von Glühwürmchen, die uns umtanzten und, während die letzte Töne verklangen, ebenso prompt wieder verschwanden.

Ein ähnliches Erlebnis mit plötzlich aussetzendem Regen und dem Auftauchen von Glühwürmchen hatte ich übrigens bei einem anderen Fest der Sommersonnenwende in der Nähe von Sünna (in den Thüringer Ausläufern der Rhön) auf dem Geißkopf. Dort finden sich die Reste eines keltischen Ritualplatzes, der wahrscheinlich zu einer ebenfalls keltischen Siedlung gehörte, die ungefähr vier Kilometer Fußweg entfernt in der Nähe der neuen rekonstruierten keltischen Siedlung auf dem Öchsen lag. Dieser Kultplatz wurde vor annähernd hundert Jahren als Basaltbruch benutzt – mit der Folge, dass der Hügel ziemlich genau zur Hälfte abgetragen wurde. Deshalb ist der Kultplatz auch nur noch ein von einem Steinwall eingefriedeter Halbkreis, die andere Hälfte fehlt. Das gibt uns Heutigen ausnahmsweise nicht nur Anlass zur Klage über die Barbarei der Zerstörung sondern auch die Gelegenheit, einmal in die Erde unterhalb des Kultplatzes zu schauen. Und siehe da: Unter dem Kultplatz kommt eine der größten und schönsten Basaltorgeln Mitteleuropas zum Vorschein, eine Phalanx senkrecht aufstrebender prismatischer Säulen, die unübersehbar deutlich den Fluss der Kräfte sichtbar machen.

Ich denke, es ist offensichtlich, dass ich diese Orte nicht erwähnt hätte, wenn sie nicht tatsächlich eine ganz besondere Kraft ausstrahlten, die in unsere Rituale eingeflossen ist. Mit Bedacht habe ich als Beispiele nur Orte ausgewählt, die ich selbst gefunden habe – gefunden wohlgemerkt, nicht „entdeckt". Ich habe sie gefunden, weil ich mich in meiner unmittelbaren Umgebung, also dort, wo ich gerade lebte, auf die Suche gemacht habe. Detaillierte Landkarten mit möglichst vielen Ortsnamen helfen dabei ebenso wie das Studium der ortsgebundenen Sagen und Märchen und darüber hinaus habe ich die Erfahrung gemacht, dass es in jedem Ort einen Kundigen zu geben scheint (man frage im Heimatverein nach), der Ihnen genaue Auskünfte geben kann über alte Siedlungen, kuriose und seltsame uralte Geschichten, über Orte mit interessanter Vergangenheit und so weiter.

Sie sollten sich also selbst auf die Suche machen, wenn sie nach einem besonderen, kraftvollen Ort für Rituale suchen. Ich denke, dass Sie davon mehr haben als von einer Wallfahrt zu irgendwelchen berühmten, aber meist touristisch oder auf andere Weise totgetrampelten Sehenswürdigkeiten. Und wenn Sie nicht das Glück haben, so wie ich in der sagen- und märchenreichsten und damit auch kraftortreichsten Ecke Deutschlands zu wohnen (Eisenach und die weitere Umgebung), dann bleibt Ihnen immer noch die Gewissheit, dass es (fast) überall gute Kraftorte gibt – und wenn es tatsächlich einmal keinen geben sollte, dann haben Sie immer noch die Möglichkeit, sich selbst einen Kraftort zu schaffen – denn auch das ist möglich. (Näheres dazu finden Sie in Kapitel 12.)

Letzten Endes geht es immer um den gleichen Punkt: Was wirklich zählt, damit ein Ritual gut wird, ist Ihre ureigene, persönliche Einbindung in die Kräfte. Und die entsteht nun einmal eher an einem „selbst gefundenen", weil vielleicht mit viel Geduld und Achtsamkeit gesuchten Ort und zu einer für mich selbst wichtigen Zeit als an touristisch erschlossenen Zielen oder exotischen Orten. (Deshalb versuche ich übrigens auch in diesem Buch, die Beschäftigung mit den Ritualen anderer Völker auf einem Minimum zu halten.)

Kapitel 5
Was wirkt in einem Ritual?

Die Kraft der äußeren Form eines Rituals, „Schauspiel" und „Drama" und die Darstellung von Geschichten tragen wesentlich zur Kraft eines Rituals bei.

Wie wir bereits gesehen haben, kann ein Ritual sehr unterschiedliche Formen annehmen, die vom Zweck des Rituals, den Teilnehmern, dem Ort und den verfügbaren Ressourcen abhängen. Es gibt jedoch einige Grundelemente, die immer wieder vorkommen und eigentlich auch unverzichtbar sind. Mit diesen Grundelementen meine ich jetzt nicht die einzelnen „Ritualbausteine", die wir in Kapitel 6 und 7 genauer betrachten werden, sondern das, was sozusagen hinter diesen Bausteinen liegt, das, was ihnen ihre Kraft verleiht.

In einem hochinteressanten Buch mit dem Titel „Shamanic Healing and Ritual Drama" hat sich der bedeutende Ethnologe Åke Hultkrantz[11] mit der These auseinandergesetzt, dass jede Form der darstellenden und aufführenden Kunst aus schamanischen Ritualen entstanden ist, insbesondere das Theater in allen seinen Formen. Diese These ist, soweit ich sehe, von Ethnologen allgemein anerkannt und hat durchaus auch Sinn, denn einerseits geht es in einem Ritual unter Anderem immer darum, Dinge bildhaft sichtbar zu machen, die in unserer Alltagswelt keine eigene äußere Form haben und andererseits ist es wichtig, eine äußere Form bereitzustellen, in denen sich die Kräfte so manifestieren können, dass wir sie im Ritual formen, lenken und nutzen können.

Sie erinnern sich vielleicht noch an das Beispiel des „Opfers" für die Kleinen Leute in Form eines Schälchens Milch oder eines Stückchens Brot. Dabei geht es keinesfalls um die materielle Präsenz der Milch, die sich die Katze holt, oder des Brotes, an dem sich Vögel oder Mäuse freuen, sondern um die Kraft der Achtsamkeit, die sich eben in Form von Milch oder Brot manifestiert. Das wussten übrigens unsere Vorfahren, denen man offenbar eine ziemliche Dummheit unterstellt, genauso gut oder sogar noch besser als wir, denn die Gesetze und Wirkungsweise der Magie waren ihnen sehr vertraut.

Worum es geht, wird in einer kleinen Geschichte deutlich, die ich hier wiedergeben möchte[12]: Vor 1900, in einer Zeit, als Ethnologen noch ein anderes Verständnis von ihrer Arbeit hatten als heute, bekam ein Feldforscher die Erlaubnis, an einer schamanischen Heilungszeremonie teilzunehmen. Er beobachtete die Ereignisse sehr aufmerksam, wie es seinem Berufsstand zukommt und bemerkte an einer Stelle, dass der Schamane sich offenbar einen toten Käfer in den Mund steckte, bevor er dem Erkrankten die Krankheit aussaugte. Dann spuckte er den Käfer aus, hielt ihn hoch, so dass jeder ihn sehen konnte und warf ihn dann in das rituelle Feuer, um die Krankheit endgültig zu vernichten.

---

[11] Hultkrantz, Åke, Shamanic Healing and Ritual Drama, Health and Medicine in native North American religious traditions, New York, 1992.

[12] Diese Geschichte stammt aus: Mails, Thomas E., Geheime indianische Pfade, München, 1992

Nach der Beendigung des Rituals wandte der Ethnologe sich an einen der Teilnehmer und fragte ihn: „Hast du nicht gesehen, dass der Schamane den Käfer gar nicht aus dem Kranken herausgesaugt hat? Er hat ihn sich doch vorher heimlich in den Mund gesteckt!" Der so Befragte schaute den Ethnologen völlig verständnislos an und antwortete dann: „Ja natürlich hat er das getan! Schließlich braucht er doch irgendwas, um die Krankheit hineinzutun, sonst bleibt sie noch in seinem Körper hängen und macht ihn selbst krank."

Wir sollten sehr vorsichtig sein, wenn wir die Naivität eines „Primitiven" belächeln! Wir wissenschaftlich gebildeten Europäer sind nämlich tatsächlich die Naiven, wenn es um die Kenntnisse des Magischen geht. Ein weiteres, relativ neues Beispiel ist das Getöse, dass eine Zeit lang um die philippinischen Geistheiler gemacht wurde – nicht deshalb, weil sie de facto erstaunliche Heilungserfolge erzielten, sondern wegen der „blutigen Operationen", die sie vorgeblich durchführten. Europäische Beobachter hatten in der Tat nichts Besseres zu tun, als diese für bare Münze zu nehmen, sich erst austricksen zu lassen, um dann empört festzustellen, dass sie getäuscht wurden. Dabei geben diese Heiler gar nicht vor, mit bloßen Händen Eingriffe in den menschlichen Körper vorzunehmen. Wer die Geduld hat, ihnen wirklich zuzuhören und ihr Vertrauen zu erringen, wird auch hier das oben beschriebene „Käfer-Prinzip" entdecken: Es geht darum, durch eine Aufführung, ein „rituelles Drama" eine Form zu erschaffen, in der sich die magischen Kräfte manifestieren können!

Ich schildere diese Dinge hier deshalb so ausführlich, weil sie anschaulich ein Kernprinzip der rituellen Arbeit spiegeln: So wie die Platine mit ihren Leiterbahnen und elektronischen Bausteinen in einem Radio die elektrischen und elektromagnetischen Kräfte so formt, dass wir Musik oder Stimmen hören können, so formt die äußere Form des Rituals die magischen Kräfte, um sie in einer spezifischen Art und Weise wirksam werden zu lassen.

Die äußere Form, das Theatralische

Alles, was in einem Ritual geschieht, hat gewöhnlich mindestens zwei Funktionen gleichzeitig. In einem Maskentanz zum Beispiel wird einerseits eine Geschichte erzählt, also ein Inhalt vermittelt. Diesen Inhalt sollte der Teilnehmer kennen, weil sich seine Kräfte mit ihm verbinden. Oft ist der Bezug dieser getanzten, gespielten, mit Masken und rituellen Klängen verstärkten Geschichte archetypischer Natur, das heißt, sie weckt im Zuschauer, noch mehr natürlich in den Teilnehmern die Kräfte dieses Archetypen, der ja nichts Anderes ist als eine bestimmte Form magischer Kraft oder möglicherweise auch eine „andersweltliche Person", mit der wir uns auf diese Weise in Verbindung setzen.

Darüber hinaus sind Masken eine sehr starke äußere Form, mit deren Hilfe wir magische Kräfte oder Wesen „einfangen" oder einladen können. (Deshalb übrigens sollte man Masken grundsätzlich mit großem Respekt und Achtsamkeit behandeln, denn sie gehören zusammen mit Puppen zu den wirkkräftigsten magischen Werkzeugen überhaupt!) Je nach ihrer Art können Masken die Kräfte der Welt in ein Ritual hineintragen, die Kräfte bestimmter Wesen der Anderswelt, sie können uns für die Kräfte der Götter öffnen, für die Kräfte elementarer Wesen (zum Beispiel in einem Sonne-Mond Maskentanz), für unser Krafttier, für die Kräfte unseres Totems (sofern wir tatsächlich einem Clan oder einer Geheimgesellschaft angehören) – und so weiter.

Außerdem werden Masken gewöhnlich nicht nur für ein einzelnes Ritual gemacht und benutzt, sondern immer wieder verwendet. Deshalb tragen sie auch noch die Kraft der Wiederholung in sich (siehe Kapitel 4) und werden so im Laufe der Jahre und Jahrzehnte zu starken magischen Gegenständen.

Und nicht zuletzt hat der Maskentanz eine sehr direkte Auswirkung auf unseren Bewusstseinszustand: Die Bewegungen des Tanzes, die Kostüme und Masken, die Gesänge oder die Stimme des Geschichtenerzählers, die Klänge der schamanischen Musikinstrumente – auf die richtige Weise inszeniert (und das ist positiv gemeint!) werden diese Elemente uns in einen veränderten Bewusstseinszustand eintauchen lassen, der uns für die im Ritual wirkenden Kräfte empfänglich macht.

Die äußere Form der Inszenierung vermittelt also mehrere Elemente: Durch die Sprache verbindet sie uns mit dem Inhalt des Rituals, mit den in ihm und hinter ihm wirkenden Kräften, sie stellt ein Instrument dar, in dem sich die magischen Kräfte manifestieren können und in ihrer Theatralik versetzt sie uns in veränderte Bewusstseinszustände, in denen wir als Teilnehmer unmittelbaren Zugang zu den wirkenden Kräften erlangen können. Diese Mechanismen finden wir in jedem Ritualbaustein in unterschiedlicher Gestalt und wenn wir selbst ein Ritual gestalten, dann sollten wir es in eine Form bringen, die diese Elemente möglichst stark zum Vorschein bringt.

Dabei haben es Angehörige traditioneller Kulturen relativ leicht: Sie haben die Formen, kennen sie und wissen um ihre Kraft. Außerdem haben sie vorgegebene „Strickmuster", an denen sie sich orientieren können – und nicht zuletzt kennen sie die Geschichten, die ihre Rituale ebenfalls mit Kraft füllen. Unsere Traditionen in dieser Hinsicht sind verlorengegangen und deshalb müssen wir wohl oder übel versuchen, unsere eigenen Wege zu finden oder auch wiederzufinden.

Dabei gilt es, einige Dinge zu beachten:

Auf der einen Seite ist es natürlich wichtig, uns mit unserer eigenen Vergangenheit zu beschäftigen und herauszufinden, wie und warum Rituale gemacht wurden. Auf der anderen Seite müssen wir uns darüber im Klaren sein, dass wir nicht einfach das Rad der Zeit zurückdrehen können. Selbst wenn es uns gelingen würde, die vollständige Beschreibung eines Rituals irgendwo aufzufinden, so hätte es wenig Zweck, wenn wir versuchen würden, es buchstabengetreu „nachzukochen". Die äußere Form ist zwar wichtig, aber sie kann zu einem wesentlichen Teil nur funktionieren, also ihre

Kraft entfalten, wenn wir sie verstehen, das heißt, wenn wir wissen, warum sie genau so konstruiert ist, wie sie ist, und welche Geschichten in ihr stecken oder – genauer gesagt – welche Geschichten durch sie dargestellt und so lebendig und erfahrbar gemacht werden.

Ich möchte das an einem Beispiel deutlich machen: Die schamanische Reise oder Andersweltreise ist ein veränderter Bewusstseinszustand, der es uns ermöglicht, in die Anderswelt einzutreten, den „magischen" Teil der Welt, der genau so um uns herum existiert wie die Alltagswelt und die genau so „real" ist wie jene.[13] Der Knackpunkt besteht darin, dass es ein präzises handwerkliches Instrument gibt, das uns in die Anderswelt führen kann – allerdings nur, wenn wir genau wissen, dass es diese Anderswelt tatsächlich als realen Teil der Welt, des Universums, gibt. Viele Leute neigen heutzutage dazu, die Andersweltreise zu psychologisieren, sie als Innenschau, als Reise in das eigene Unbewusste, das kollektive Unbewusste oder was auch immer zu betrachten.

Was auch immer wir glauben, wird geschehen. Wenn wir denken, wir gelangen mit diesem Instrument in das kollektive Unbewusste, dann wird genau das geschehen. Wenn wir wissen, dass es die Anderswelt tatsächlich gibt, dann und nur dann (!) werden wir sie auch betreten können. Das ist ungeheuer wichtig, denn es macht einen gewaltigen Unterschied, wo wir landen, ob zum Beispiel die Informationen, die wir erlangen, aus uns selbst heraus kommen, oder ob sie uns von Wesen gegeben werden, die tatsächlich in der Welt leben und Zugang zu anderen Quellen haben als wir! (Eigentlich gehören hinter diesen Satz ungefähr 20 Ausrufezeichen!)

Genau so verhält es sich mit den Ritualen: Wir können uns nur mit den Kräften verbinden, von denen wir wissen, dass es sie gibt und dass sie in unserem Ritual wirklich präsent werden! Die Kräfte der Geister unserer Ahnen werden für uns nur dann hilfreich, sind nur dann für uns real, wenn wir wissen, dass sie in der Welt sind, nicht als vage Konzepte, sondern als wirkliche Wesen, die eine wirkliche Verbindung mit uns eingehen können.

Das gilt natürlich für alle Wesen und alle Kräfte, die wir durch die äußere Form eines Rituals „mobilisieren". Deshalb sollten wir Alles nicht tun, Alles unterlassen, dessen wir nicht sicher sind.

Wenn wir uns mit den Ritualen anderer Völker beschäftigen, wird dieser Aspekt noch wichtiger, denn hier gibt es ja nicht einmal die wenn auch vage Verbindung der eigenen Geschichte, die wenn auch nur untergründig und schwach, so doch immer noch vorhanden ist: In einem Ritual wirken immer die Kräfte der eigenen Geschichte, der eigenen Vergangenheit und des Ortes, der „Heimat", die uns und unsere Kräfte prägt. Erschwerend kommt hinzu, dass jedes Ritual in einem Umfeld des Wissen

---

[13] Ausführlich behandele ich dieses Thema in meinem Buch „Die Anderswelt-Reise, Praxisbuch Schamanische Reise", Engerda, 2005

und der Erfahrung steht, das wir teilen müssen, um seine Kräfte nutzen zu können. Wer eine Fremdsprache spricht, weiß, wovon hier die Rede ist: Hinter jeder Sprache stecken eigene Denkstrukturen, die sich keinesfalls einfach in andere übertragen lassen. Auch wenn wir uns gut verständigen können, werden wir den Geist der anderen Sprache, des anderen Denkens noch lange nicht erfasst haben! Deshalb auch sagen uns die indianischen Schamanen und Ältesten, wir sollten uns auf unser Eigenes besinnen, auf die Kräfte unseres Landes und unserer Geschichte, deshalb sagt der Dalai Lama, wir sollten uns mit unserem eigenen Glauben befassen und nicht blindlings zum Buddhismus überlaufen!

Selbst ist der Mann (und natürlich die Frau). Da uns die einfachen Auswege versperrt sind, da wir weder „abkupfern" noch verständnislos imitieren sollen und können, müssen wir uns schon selbst auf den Weg machen, zumal uns nur das langfristig gesehen wieder zu einer Tradition verhelfen kann. Immerhin sollten wir bedenken, dass wir die Ahnen unserer Nachfahren sein werden, die aus dem, was wir jetzt tun, Kraft schöpfen können – ebenso wie Wissen, Weisheit und Einsicht! Also sollten wir nicht herumrennen wie kopflose Hühner, sondern uns der Aufgabe wirklich stellen. Schließlich bestimmen wir jetzt mit allem, was wir tun mit, wie die Welt nach uns aussehen wird. Denn jedes Ritual knüpft an die Vergangenheit an und erzeugt Spuren für die Zukunft, es verbindet die Kräfte der drei Zeiten miteinander, der Vergangenheit, der Gegenwart und der Zukunft. Also sollten wir nicht nur an uns denken, sondern auch an die, die nach uns kommen!

Werden wir also jetzt konkret:

Die äußere Form, das Theatralische, hält alles zusammen. Sie besteht aus Symbolen, bildhaften Darstellungen, gesprochenen oder gesungenen Geschichten, gegebenenfalls auch Zahlen und Diagrammen, aus Farben und Formen, Bewegungen, aus Spuren von Tieren, Pflanzen und Steinen, die als „magische Gegenstände" wirken, aus Feuer, Rauch, Geruch, aus Klängen – und immer wieder Geschichten.

Wenn Ihnen nicht deutlich ist, was ich damit meine, dann schauen Sie sich einen christlichen Gottesdienst an und eine Kirche: Das Kreuz ist nur ein geometrisches Zeichen, sonst nichts. Trotzdem hat es, gleich in welcher Form es dargestellt wird, für den Gläubigen eine große Kraft, denn es fasst die gesamte Geschichte Christi in dieser Form zusammen und verbindet den Gläubigen mit ihr. (Leicht vorzustellen übrigens, dass für Jemanden, der noch nie vom Christentum gehört hat, ein Kreuz nur zwei sich im rechten Winkel kreuzende Linien oder Balken darstellt und keine Verbindung zu irgendetwas herstellt!) Das Gleiche gilt für Handlungen: Die Verwandlung von Wein in Christi Blut und von Brot in sein Fleisch gibt dem Gläubigen die unmittelbare Verbindung seiner selbst mit dem Gott, an den er glaubt und ist deshalb auch der zentrale Kern des Gottesdienstes, auf den Alles hinwirkt, die Worte und Gesänge, die Handlungen und so weiter. Wiederum für Jemanden, der vom Christentum nichts weiß, wird da ein Kelch mit irgendwas drin hochgehoben und ein etwas merkwürdiges Gebäck – sonst nichts.

Daran können Sie sehen, wie die äußere Form uns mit der Geschichte verbindet, die von ihr erzählt wird und wie sehr ihre Wirkung (von inbrünstiger Versenkung in die Anwesenheit Gottes bis zu eigentlich verständnisloser Neugier) davon abhängt, wie genau wir diese Geschichten kennen und uns mit ihnen identifizieren können.

Damit es keine Missverständnisse gibt möchte ich hier nochmals ausdrücklich betonen, dass die magische Kraft der Form immer in der Form steckt, die Frage ist nur, wie wir uns mit ihr verbinden und sie für uns aktivieren und nutzen können – und genau dafür brauchen wir die Geschichten. (Heute würde man sagen, wir brauchen Background-Infos.) Bildhaft gesprochen bringen die Geschichten, wenn sie wirklich tief in uns verankert sind, unseren Geist in eine bestimmte Form, die es ihm ermöglicht, sich auf die wirkende Kraft „einzuschwingen".

So gesehen sind die Geschichten die am stärksten wirkende Kraft in einem Ritual, weil erst sie die Verbindung zwischen uns und den Kräften des Rituals, seiner äußeren Form, herstellen können.

In seinem sehr empfehlenswerten Buch „Naturrituale"[14] beschreibt Wolf-Dieter Storl auf über 300 Seiten im Grunde genommen ein einziges Ritual, dessen faktische Beschreibung sich sicher auf einem Din A4 Blatt unterbringen ließe. Inzwischen können Sie sich wahrscheinlich denken, warum dieses Buch trotzdem oder eigentlich gerade deswegen gut ist: Der Autor beschreibt ausführlich die Geschichten, die zu diesem Ritual gehören – und nur mit diesen Geschichten können wir das Ritual verstehen, es mit Inhalt und Kraft füllen.

Das heißt für uns, dass wir für unsere Rituale Geschichten brauchen, schöne, spannende und vor allem wahre Geschichten. Das ist viel wichtiger, als irgendwelche vorgeblich Jahrtausende alten Traditionen, die sich ohnedies wahrscheinlich vor nicht allzu langer Zeit jemand ausgedacht hat.

Um das nun wieder richtig verstehen zu können, müssen wir wissen, was „wahre Geschichten" eigentlich sind. Es gibt einen Unterschied zwischen wahren und wirklichen Geschichten, den ich gerne am Beispiel von Carlos Castaneda illustriere: Sehr viele Menschen kennen die Geschichten über den Schamanen Don Juan, die Castaneda in etlichen Bänden aufgeschrieben hat. Sie wurden weltweit in Millionenauflagen verbreitet, weil die Leser in ihnen Wahrheiten gefunden haben, die ihnen halfen, ihr Leben zu gestalten oder wichtige Dinge über den Schamanismus zu erfahren.

---

[14] Wolf-Dieter Storl, Naturrituale, Mit schamanischen Ritualen zu den eigenen Wurzeln finden, Baden und München, 2004

Wenn wir diese Bücher als wirkliche Geschichten betrachten, dann müssen wir sie als gigantischen Betrug entlarven[15]: Castaneda hat für den ersten Band („Don Juan") seinen Doktortitel bekommen, weil die in ihm wiedergegebene Geschichte das Resultat ethnologischer Feldforschungen war. Tatsächlich aber stellte sich später heraus, dass der Autor diese Feldforschungen nie gemacht hat, dass er Don Juan nie begegnet ist, ja, dass es Don Juan nie gegeben hat. Das sind unwiderlegbare Fakten im Rahmen „wirklicher" Geschichten. Die meisten Menschen, denen ich das erzähle, sind gewöhnlich enorm enttäuscht und fühlen sich betrogen. Das ist aber überhaupt nicht angemessen. Der Betrug liegt in dem kleinen Stückchen der erschlichenen Doktorarbeit. Zu dem Rest muss man eigentlich nur sagen, dass diese Geschichte zwar nicht wirklich ist, aber trotzdem einfach wahr in dem oben beschriebenen Sinn. Ihr wesentlicher Inhalt ist ja nicht „da und da lebte ein Schamane namens Don Juan, der irgendwann einem Autor namens Castaneda begegnete". Ihr wesentlicher, wahrer Inhalt sind die Geschichten über das Magische in der Welt, über die Anderswelt und darüber, wie Schamanen fliegen – und alle diese Geschichten sind wahr, und es ist völlig egal, ob der Autor sie sich aus den Fingern gesaugt, in Büchern gefunden oder nach Gesprächen mit einem Schamanen aufgeschrieben hat!

Diese Unterscheidung zwischen wirklichen und wahren Geschichten müssen wir auch auf unsere Rituale anwenden. Die Neigung, Traditionen und geheimnisvolle Überlieferungen zu erfinden, rührt daher, dass ihre Urheber diesen Unterschied nicht begriffen haben! Sie glauben, die Berufung auf uraltes und geheimes Wissen, dessen Quellen ohnedies gewöhnlich nicht nachprüfbar sind, würde eine Geschichte wirklich machen. Das stimmt natürlich nicht, aber noch weniger macht das eine Geschichte wahr!

Es wäre hundertmal besser, wir würden unsere eigene wahre Geschichte erfinden als irgendwo halbgare Anleihen zu machen. Aber wie macht man das und woran erkenne ich, ob eine Geschichte wahr ist? (Wirkliche Geschichten sind immer recht einfach zu überprüfen, da Fakten gewöhnlich Spuren hinterlassen.)

Eine Geschichte ist dann wahr, wenn sie mich fesselt, wenn sie mich nicht wieder los lässt, wenn sie in mir etwas zum Klingen bringt, mich und mein Leben verändert oder mich etwas verstehen lässt, was ich ohne diese Geschichte nicht verstanden hätte.

Es gibt nicht so sehr viele verschiedene wahre Geschichten. Mythen- und Märchenforscher können uns sagen, dass hinter der gewaltigen Menge an Geschichten dieser Art nur eine recht kleine Menge an gemeinsamen Grundmustern steckt. Ein Beispiel dafür ist die Geschichte von der Herrin und dem Sommerkönig die ich in

---

[15] Richard de Mille, Die Reisen des Carlos Castaneda, Bern, 1980

dem Roman gleichen Titels erzählt habe.[16] Das ist eine dieser wahren Geschichten. James Frazer, ein englischer Mythenforscher, hat in einem Werk von mehr als 15.000 Seiten zusammengetragen, in welchen Formen und Verkleidungen die Geschichte überall auf der Welt vorkommt[17]. Es ist eben eine wahre Geschichte, die in uns lebendig ist und immer wieder in den unterschiedlichsten Formen erzählt wird.

Diese wahren Geschichten und die Bilder, aus denen sie bestehen, bilden das Fundament der Rituale. Glücklicherweise stecken sie alle in uns drin und wir können sie auch in uns auffinden. Außerdem finden wir sie in der Welt, in den Tieren, Pflanzen und Steinen, im Land, den Flüssen und Seen, in den Wolken, dem Regen, in Sonne, Mond und Sternen und allem, was um uns herum ist. Deshalb lehren uns die Weisen anderer Völker ja auch, nicht zu ihnen zu schielen, sie sagen uns, dass wir alles haben, was wir brauchen, um unsere eigenen Rituale zu machen. Jetzt wissen wir, warum: Unsere im historischen Sinne wirkliche Tradition ist unterbrochen worden, die Formen sind vergessen, ihre Inhalte auch, aber was uns nie verlassen hat, sind die wahren Geschichten, sie sind in uns und in Allem um uns herum.

Natürlich ist es nicht sinnvoll, das Rad immer wieder neu zu erfinden, deshalb sollten wir danach schauen, was Andere vor uns getan haben. Aber wenn etwas fehlt, dann wissen wir jetzt, wo wir danach suchen müssen: in den wahren Geschichten, die uns nie verlassen haben.

---

[16] Axel Brück, Die Herrin und der Sommerkönig, Eine Geschichte von Liebe, Lust und Tod, Engerda, 2006

[17] J.G. Frazer, The Golden Bough, A Study in Magic and Religion, London, 1978 (9). Dieses 1000-seitige Taschenbuch ist die Zusammenfassung eines zwölf-bändigen Werks mit dem gleichen Titel

Kerzenleuchter

Teil II
Der Gebrauch und die Entstehung von Ritualen

Kräuter – Mörser – Pfeife

Kapitel 6
Die Bausteine der Rituale - Vorbereitungen

In diesem Kapitel beschreibe ich einzelne „Bausteine", aus denen sich Rituale der unterschiedlichsten Art zusammensetzen lassen. Einige dieser Elemente tauchen in jedem Ritual auf, andere nur in bestimmten Zusammenhängen.

Vorbereitungen: Die Bekleidung und die Reinigung des Körpers

Es versteht sich von selbst, dass wir uns für die alltäglichen Rituale nicht festlich herausputzen müssen. Wer den Kleinen Leuten ein Schälchen Milch unter den Holunder stellt, darf und soll bildhaft gesprochen seine Küchenschürze dabei anbehalten. Rituale jedoch, die aus dem Alltag herausragen, sind besondere Ereignisse, die wir auch so würdigen sollten – und dazu gehört nun einmal auch die festliche Bekleidung. Festlich heißt dabei weder teuer noch chic, noch modisch oder auch exotisch, sondern einfach: Anders als sonst! Wer öfter Rituale durchführt oder an Ritualen teilnimmt, kann ja ein bestimmtes Kleidungsstück dafür reservieren, so wie man früher oder heute noch in den sogenannten besseren Kreisen das „kleine Schwarze" und den Smoking für Nachmittagsempfänge bereitgehalten hat.

Der Phantasie sind dabei keine Grenzen gesetzt. Wer sich mit den drei Kräften und ihren Farben und Zeichen auskennt, kann seine Kleidung entsprechend gestalten. Wer Talismane oder Amulette sein eigen nennt, sollte sie sichtbar tragen und auch Kraftgegenstände dürfen in das Outfit integriert werden ebenso wie „esoterischer Schmuck" und Ähnliches. Allerdings sollten wir beachten, dass exotische Dinge nicht unbedingt in heimische Rituale gehören und dass wir die an ihnen hängenden Regeln und Bedingungen gewöhnlich nicht kennen.

Diesem Aspekt muss ich noch einige Sätze widmen, da hier viel Missbrauch getrieben wird. Adlerfedern, Bärenkrallen, Tigerzähne und andere Kraftobjekte gehören definitiv nicht zu unserer Grundausstattung!

Erstens stammen sie überwiegend nicht von heimischen Tieren, zweitens entfalten sie ihre Kraft gewöhnlich nur dann, wenn wir die Tiere selbst erlegt haben oder sie von „Eingeweihten" für solche Zwecke erlegt wurden und drittens tragen wir nicht gerade zum Artenschutz bei, wenn wir uns solche Artefakte beschaffen. „Kleinere", scheinbar belanglosere Dinge können für uns eine wesentlich größere Wirkung haben, wenn wir sie entweder selbst gefunden oder beschafft haben oder wenn sie uns aus unserem eigenen Umfeld heraus, aus unserer Heimat und unserer Zeit gegeben worden sind.

Wenn wir uns festlich herrichten, heißt das natürlich auch, dass wir uns reinigen. Das hat in diesem Fall nicht nur etwas mit Hygiene zu tun, sondern mit dem symbolhaften Abwaschen des Alten, mit der Reinigung von Kräften, die nicht zum Ritual gehören und mit der auf diese Weise ausgedrückten Bereitschaft, sich dem Neuen zu öffnen.

Rituelle Reinigungen können sehr vielfältig sein. Ein allgemein bekanntes Beispiel dafür ist Pontius Pilatus, der seine Hände in Unschuld wusch, ein weiteres die traditionelle Taufe, bei der der Täufling vollständig im See oder im Fluss untertaucht, danach ein neues Gewand anlegt und als neuer Mensch, als neue Person mit einem neuen Leben beginnt.

Wasser hat nun einmal nicht nur im hygienischen Sinn eine reinigende Wirkung, sondern auch im magischen: Es reinigt und klärt, es verändert und befreit, es öffnet die Sinne und hilft, unwillkommene Kräfte zu entfernen. Wasser übernimmt bereitwillig die Kräfte von Kräutern und Steinen und gibt sie ebenso bereitwillig wieder ab. Außerdem repräsentiert Wasser als „magisches Element" einen Teil der Kräfte von Mutter Erde und sollte schon allein deshalb in keinem Ritual fehlen.

Bei manchen Ritualen, insbesondere Transitionsritualen (wie der Taufe, den Übergang in das Erwachsenenleben, usw.), ist die rituelle Reinigung auch direkt ein Bestandteil oder sogar Kern des Rituals und nicht nur Vorbereitung. Ich werde bei der Beschreibung der entsprechenden Rituale in den nächsten Kapiteln darauf hinweisen.

Kostüme gehören nur bedingt in die Kategorie „Bekleidung", denn eigentlich sind Kostüme magische oder rituelle Gegenstände mit einer sehr eigenen Kraft. Deshalb werde ich sie auch in einem eigenen Abschnitt behandeln. (Kapitel 9)

Vorbereitungen: Die Bestimmung der Zeit

Gerade bei Ritualen der magischen Arbeit spielt die Bestimmung der richtigen Zeit eine wesentliche Rolle, sie ist gewöhnlich sogar Bestandteil der rituellen Vorbereitung – allerdings nur dann wirklich wirksam, wenn wir, wie es früher üblich war, nicht in einen Almanach schauen oder den Computer einschalten, um astronomische und astrologische Daten abzurufen, sondern wenn wir selbst mit dem Astrolabium und den anderen erforderlichen Gerätschaften diese Daten durch nächtliche Himmelsbeobachtungen ermitteln. Da es heute kaum noch Jemanden gibt, der über die einschlägigen Kenntnisse verfügt, entfällt dieser Teil der rituellen Vorbereitungen meist. Einen Hinweis kann ich mir trotzdem nicht verkneifen: Wenn wir uns nicht durch die eigenen Beobachtungen mit dem richtigen Zeitpunkt verbinden, dann werden die Kräfte dieses Zeitpunktes nicht für uns wirksam. Deshalb können wir uns den Blick in die Tabellen oder die Berechnungen des Computers auch sparen. – Ich reite immer wieder auf diesen Dingen herum, weil in ihnen ein grundlegendes Prinzip jeder magischen Arbeit offenbar wird, ohne das nichts so funktionieren wird, wie wir es uns erhoffen.

Also wird es genügen, wenn wir die Jahresfeste und die Mondfeste durch einen Blick in den Kalender festlegen und im Übrigen auf unseren Instinkt für den richtigen Augenblick vertrauen.

Vorbereitungen: Die Reinigung des Ortes

Wir beginnen jedes Ritual mit der Reinigung des Ortes. Diese geschieht vor der Abgrenzung, da wir ja noch sozusagen „den Müll loswerden müssen". Die

Reinigung dient magisch betrachtet dazu, den Ort von eventuell vorhandenen negativen oder einfach störenden Kräften zu säubern, die vorhandenen Kräfte gleichförmig zu machen und auch dazu, unsere Absicht zu verkünden, dass wir das Ritual an dieser Stelle durchführen wollen und deshalb den Platz für eine begrenzte Zeit für uns reklamieren wollen. Deshalb hat die Reinigung auch die Form einer Bitte und nicht einer Gewaltaktion. Wir bitten die Kräfte des Ortes darum, dass wir ihn uns für eine begrenzte Zeit aneignen dürfen und versprechen, ihn wieder in dem Zustand zu verlassen, in dem wir ihn vorgefunden haben.

Darüber hinaus kann die Reinigung auch einen sehr praktischen Aspekt haben: Wenn Tänze ein Bestandteil des Rituals sind, dann sollten wir Äste, spitze Steine und Ähnliches sorgsam aufsammeln und außerhalb des Ortes deponieren, denn rituelle Tänze werden grundsätzlich barfuß oder zumindest in Schuhen mit weichen, dünnen Sohlen ausgeführt, da nur so der Kontakt mit den Kräften von Mutter Erde erhalten bleibt oder im Tanz entsteht.

Die Reinigung kann erfolgen, indem wir einen Reisigbesen, einen sogenannten „Hexenbesen" oder ein Kräuterbüschel benutzen, um den Platz regelrecht abzukehren. (Rainfarn ist zur Reinigung besonders geeignet, Beifuß ebenfalls, sollte jedoch nur von Frauen für diesen Zweck verwendet werden.)

Dabei geht es selbstverständlich nicht darum, real etwas zu entfernen (Steine und Äste lesen wir von Hand auf), sondern um die Kräfte dieses Ortes. Wichtig ist deshalb die Bitte an den Ort, die wir in unserem Kopf haben und gegebenenfalls auch laut formulieren. Das laute Aussprechen der Dinge ist zumindest dann unerlässlich, wenn Andere am Ritual teilnehmen, denn die Anderen können ihre Kräfte nur den unseren hinzufügen, wenn sie wissen, was jeweils gerade geschieht.

Auch ein dauerhaft angelegter Ritualplatz, der zum Beispiel mit Steinen markiert wurde, muss eine Stelle aufweisen, die sich öffnen lässt (zum Beispiel durch Entfernen eines Steins), damit er ordnungsgemäß gereinigt werden kann!

Vorbereitungen: Die Abgrenzung des Ortes

Nach der Reinigung erfolgt die Abgrenzung des Ortes. Diese können wir auf unterschiedliche Weise vornehmen. Wenn wir zum Beispiel ein Ritual nur für uns durchführen, so mag es genügen, eine große Decke am ausgewählten Ort auszubreiten. Wenn wir mehr Platz brauchen, können wir ein langes Seil oder eine dicke Schnur mehr oder minder kreisförmig auslegen. Einmal sah ich im „Ritualkoffer" eines Cherokee-Schamanen (ein uraltes, abgeschabtes Reiseköfferchen etwa in der Größe zweier Schuhkartons) vier ungefähr dreißig Zentimeter lange Holzpflöcke mit farbigen Tuchstreifen am oberen Ende. Er benutzte diese Pflöcke, um die nach den Himmelsrichtungen ausgerichteten Ecken eines Ritualplatzes zu markieren. Je nach der Beschaffenheit des Ortes können wir auch bunte Bänder in Büsche und Bäume binden,

Steine auslegen oder eine Spur von Mehl streuen. (Wer nach Beschreibungen indianischer Rituale dafür Maismehl benutzt, sollte bedenken, dass Mais keine heimische Pflanze ist. Stattdessen nehmen wir natürlich einheimisches Getreide!)

Außer Getreidemehl eignet sich auch Huflattichkraut. Huflattich war für unsere Ahnen vor der Einführung des Tabaks eine wichtige, als Grundlage für andere Kräutermischungen wahrscheinlich sogar die wichtigste Rauchpflanze. Wenn wir Mehl oder Huflattich verwenden, dann führen wir neben der Markierung der Abgrenzung noch einen anderen Aspekt ein: Mehl ist eine Einladung zum Essen und Huflattich signalisiert den Wesen, die wir zu unserem Ritual einladen wollen, dass sie willkommen sind und ein Pfeifchen mit uns rauchen mögen.

Übrigens habe ich gelegentlich beobachtet, dass manche Leute Salz als Markierung des Platzes ausstreuen. Das sollten wir auf gar keinen Fall tun! Salz schadet den Pflanzen und gehört eigentlich nicht einmal zum Streuen auf die Straße. (In meinem Anderswelt-Reise-Buch habe ich auch von Salz als Abgrenzung gesprochen. Nachdem ich aber inzwischen mehrmals beobachten konnte, welche Menge Salz auf diese Weise durch unbedachte „Ritualisten" in die Natur gelangen kann, bin ich strikt dagegen. Es war nämlich eigentlich von wenigen Körnchen die Rede und nicht davon, es mit vollen Händen auszustreuen!)

Neben den nicht sichtbaren Abgrenzungen, mit denen wir uns gleich noch befassen werden, sind diese sichtbaren Markierungen in jedem Fall wichtig. Wenn ein Teilnehmer den Ritualplatz verlassen muss oder ihn nach der Abgrenzung betritt, so sollte er oder sie dies respektvoll tun, sich vom Ritualleiter oder einer anderen autorisierten Person die Grenze öffnen und auch wieder verschließen lassen – und das ist eben nur möglich, wenn die Grenze sichtbar ist.

Ein Ritual ist nun einmal keine Kinovorstellung, die man mal eben verlässt, um sich schnell eine Tüte Popcorn zu holen. Alles was geschieht, sollte mit Bedacht und bewusst geschehen!

Die hier beschriebene „sichtbare" Abgrenzung des Ortes geschieht zuerst. Falls wir über einen Ritualplatz mit dauerhaften Markierungen verfügen, entfällt sie naturgemäß bis auf das Schließen der Öffnung für die Reinigung.

Doch die in den folgenden Absätzen beschriebenen Arten der Abgrenzung sind in jedem Fall notwendig! Dafür gibt es verschiedene Möglichkeiten:

Wir markieren die Abgrenzung durch das Besprengen mit Wasser, das heißt, wir füllen eine Schale mit Wasser, nehmen einen Beifußzweig, umschreiten den Platz und schütteln mit dem Zweig einige Tropfen Wasser auf die Grenze. Dabei tun wir laut unsere Absicht kund. Wir bitten darum, dieses Ritual an dieser Stelle durchführen zu dürfen und bitten alle wohlwollenden Kräfte, uns diesen Raum und diese Zeit für dieses Ritual zu überlassen und machen deshalb diese Grenze mit wohlwollender Duldung der Kräfte undurchdringlich für alle Einflüsse und Wirkungen, die unsere Arbeit beeinträchtigen könnten.

Auch Klänge eignen sich natürlich zur Abgrenzung des Ortes. Eine Rahmentrommel ist in diesem Fall weniger geeignet als eine Rassel. Bei den Rasseln ist es wiederum die außen mit einem Netz bespannte Rassel, heute gewöhnlich aus einem Kalebassenkürbis bestehend. Ton oder ausgeschnitztes Holz ist ebenfalls als Resonanzkörper geeignet. Wir können auch eine Klapper aus Knochenstücken, Geweihteilen oder Hexensteinen (Steinen mit einem natürlichen Loch, manchmal auch Hünergötter genannt) verwenden. Mit der Rassel umrunden wir den Platz (im Uhrzeigersinn (Sonnenlauf) tagsüber und im Gegenzeigersinn (Mondlauf) des Nachts) und sprechen dabei unsere Bitte, die vom Klang der Rassel in die Welt getragen wird.[18]

Manche nehmen auch ein eisernes Messer, um durch eine Ritzung den Ort zu markieren. Das ist jedoch eine völlig ungerechtfertigte Übernahme einer Technik aus der zeremoniellen Magie, die in der schamanischen oder „hexischen" Arbeit nichts zu suchen hat, da die Spur des Messers eine wenn auch nur vorübergehende Verletzung von „Mutter Erde" bedeutet.

Wenn das Ritual in geschlossenen Räumen stattfindet, ist es möglicherweise (je nach Zweck des Rituals) sinnvoll, zu Beginn ein Fenster zu öffnen, um mit dieser alltagsweltlichen Geste die Geister zur Teilnahme einzuladen und ihnen den Zugang zu erleichtern.

Ebenso können wir auch eine Räucherung durchführen, um die Abgrenzung auf diese Weise zu schließen. Dazu räuchern wir mit Beifuß. Wir tragen das Räuchergefäß um den Platz und halten bei den vier äußeren Himmelsrichtungen inne, um den Rauch mit unseren Worten in die Luft zu blasen.

Da das Räuchern ein unverzichtbarer Grundbestandteil aller Rituale ist und in vielen Ritualbausteinen vorkommt, will ich hier noch etwas näher darauf eingehen.

Das Räuchern

Für die rituelle Arbeit benutzen wir in keinem Fall Räucherstäbchen, Räucherkegel oder anderes vorgefertigtes Räucherwerk. Wir brauchen die Pflanze selbst, am besten von uns eigenhändig unter Beachtung der rituellen Form gesammelt und getrocknet. Besonders gut bewährt hat sich das Räuchern in einem metallenen Teesieb. Für die Arbeit im Freien optimal, aber auch schonend für Teppichböden ist die Form des Tee-Balls, da hier der Funkenflug auf ein Minimum reduziert wird. Räucherkohle sollten wir nicht verwenden, sie enthält chemische Bestandteile, die in einer Räuche-

[18] Brück, Axel, Schamanische Ritualmusik und die Kraft der Klänge, Engerda, 2005

Räuchergefäße

Räuchergefäße

rung nichts zu suchen haben und außerdem werden die Kräuter zu heiß, sie verbrennen und verkohlen nicht, wie es für eine solche Räucherung sein sollte.

Die getrockneten Kräuter kommen in das Teesieb und werden von unten, also durch das Sieb hindurch, entzündet. Dann blasen wir leicht von oben hinein, um die Glut ein wenig anzufachen, während wir zugleich die Hand unter das Sieb halten, damit der Lufthauch auch von unten wirken kann. Wenn wir einen allseitig geschlossenen Tee-Ball benutzen, können wir die Glut in Gang halten, indem wir ihn hin und her schwenken (nicht zu heftig bitte!), ein offenes Teesieb tragen wir vor uns her und blasen hin und wieder hinein.

Es gibt noch viele andere Arten des Räucherns. Die nordamerikanischen Indianer verwenden zum Beispiel gerne „smudge-sticks". Das sind mit Schnur eng umwickelte Kräuterbüschel, die an einem Ende angezündet und dann hin und her geschwenkt werden, um die Glut in Gang zu halten. Das ist ein sehr schönes Verfahren, das allerdings viele Funken entwickelt, und Glutstückchen entstehen lässt, die auf den Boden fallen. Daher sollten wir diese Räucherung nur mit Bedacht einsetzen.

Eine andere Möglichkeit besteht darin, die Kräuter in einer flachen Schale zu entzünden und den Rauch dann mit einer Feder in die Luft zu fächeln. (Denken Sie bitte an das, was ich zum Thema Adlerfedern gesagt habe!) Das ist jedoch schwierig und zumindest im Freien unzuverlässig. Meine Empfehlung ist in jedem Fall das metallene Teesieb.

Über die Räucherpflanzen selbst kann ich hier nichts mitteilen, denn das würde mindestens ein ganzes eigenes Buch füllen. Für den Anfang genügt eine einfache Regel: Alles, was mit Reinigung, Abgrenzung und Abwehr zu tun hat, lässt sich gut mit Rainfarn bewerkstelligen. Wenn man sich an die Welt, die Kräfte in der Welt oder die Götter wendet, liegt man mit Beifuß nie falsch. Wenn Sie Genaueres wissen und die Kunst des Räucherns richtig erlernen wollen, sollten Sie eines der Bücher zu diesem Thema konsultieren.[19]

Die Aufstellung der Ritualgegenstände – das Ritualfeuer

Nachdem wir unseren Ritualplatz nun gereinigt und abgegrenzt haben, ist es an der Zeit, die benötigten Ritualgegenstände aufzustellen. Dazu gehört auch Feuerholz, falls ein Feuer Bestandteil unseres Rituals sein soll. Zu diesem Thema ist eine Anmerkung erforderlich: In unseren Wäldern ist den gesamten Sommer über das

---

[19] Zum Beispiel:

Rätsch, Christian, Räucherstoffe, Der Atem des Drachen, Aarau, 1996, oder

Fischer-Rizzi, Susanne, Botschaft an den Himmel, Anwendung, Wirkung und Geschichten von duftendem Räucherwerk, München, 1996 (Die Autoren gehen unterschiedlich an das Thema heran, beide Titel sind sehr empfehlenswert.)

Rauchen ebenso wie offenes Feuer verboten. Man kann sich zu diesen Verboten stellen wie man will, aber zwei Tatsachen kann man nicht ignorieren:

Erstens entstehen immer wieder Waldbrände durch Leichtsinn und Unachtsamkeit und die richtige (also gefahrlose) Herrichtung eines Feuers in der freien Natur ist eine Kunst, die erlernt sein will. Selbsternannten „Hütern des Feuers" sollte man eher misstrauisch gegenüber treten.

Zweitens haben Förster zumindest im Sommer eine hervorragend geschärfte Nase, sie wittern Rauch über größere Entfernungen (hier spreche ich aus eigener Erfahrung, gesammelt in den Anfangszeiten meiner rituellen Arbeit) und wenig ist destruktiver für ein Ritual, als ein mitten in die Arbeit platzender zornentbrannter Förster, dem man zu allem Überfluss auch noch erklären muss, was man auf „seinem" Land da eigentlich treibt.

Auch Jäger packt übrigens manchmal die Wut, wenn laute Trommelklänge, Rasseln oder Gesänge zur Unzeit „ihr" Wild stören. Dazu kann man stehen wie man will und sich auch moralisch entrüsten, aber ein gestörtes Ritual ist ein zerstörtes Ritual und deshalb sollten wir solche Dinge bedenken, bevor wir Ort und Zeit für unsere Arbeit aussuchen.

Die Lösung, die ich für mich gefunden habe, ist eigentlich ganz einfach: Ich führe Rituale ausschließlich auf privatem Grund und Boden aus, nachdem ich mich mit den Eigentümern darüber verständigt habe, was geschehen soll und geschehen darf. Das enthebt uns allerdings immer noch nicht der Notwendigkeit, in Deutschland, dem Land der Vorschriften und Verordnungen, eine „Brennerlaubnis" von der Gemeinde zu beschaffen (traditionelles Brauchtum scheint immer ein guter Grund zu sein), denn auch von privaten Grundstücken steigt Rauch auf und die freiwillige Feuerwehr ist manchmal sehr schnell zu Stelle.

Eine persönliche Anmerkung sei mir erlaubt: Während ich dies schreibe manifestiert sich ein lang gehegter Wunsch, nämlich einige Hektar Land in Sünna (Thüringen), direkt neben dem rekonstruierten Keltendorf, auf denen die Ehmorin-Schule der Kampfkunst ebenso entstehen wird wie Megin-Tor – und damit der Raum für rituelle Feste und viele andere Dinge.

Kapitel 7
Die Bausteine der Rituale – das Ritual beginnt

In diesem Kapitel beschreibe ich die Bausteine, die Beginn und Ende eines Rituals ausmachen, in der Reihenfolge, in der sie in einem Ritual vorkommen könnten.

Das Ritual beginnt

Nachdem der Platz gereinigt und umgrenzt ist, sollten sich alle Teilnehmer und alle benötigten Ritualgegenstände innerhalb der Umgrenzung befinden. Den Beginn des Rituals können wir auf unterschiedliche Weise markieren. In jedem Fall sollten wir mit einem Klang beginnen. Dafür gibt es verschiedene Möglichkeiten.

Mit einer Rassel können wir den Ort einmal rasselnd umschreiten oder von der Mitte aus mit mehreren Rasselschlägen die Himmelsrichtungen markieren. Es ist auch möglich, einen Metallklang (jedes Metall ist möglich, solange es kein Eisen enthält) zu benutzen, eine Glocke, eine Klangplatte oder ersatzweise einen Gong. Von der Mitte des Ortes aus wird das Metall drei Mal (je ein Schlag für die drei Kräfte) angeschlagen oder je einmal für die sechs Himmelsrichtungen (Osten, Süden, Westen, Norden, Unten und Oben).

Dazu sind zwei grundsätzliche Bemerkungen erforderlich:

Erstens sagt die Tradition, dass der Klang von Eisen Wesen aller Art (also Kleine Leute, Ahnengeister, Ortswesen und so weiter) vertreibt, daher sollte er in einem Ritual vermieden werden. Andere Metallklänge (Gold, Silber, Kupfer, Bronze, Messing) sind jedoch unbedenklich und dürfen verwendet werden.

Zweitens gibt es natürlich noch andere Möglichkeiten als die drei Kräfte oder die sechs Himmelsrichtungen, um sich der Welt und den Wesen in ihr (zu der nach althergebrachtem Wissen auch die Götter gehören) bemerkbar zu machen. Wie dieses sich bemerkbar Machen geschieht, entscheidet jeder selbst. Wichtig ist – wie immer – die Geschichte und damit die Kraft, die in der Handlung steckt. Allerdings sollten wir daran denken, dass die Kraft der Wiederholung für uns nur entstehen kann, wenn wir uns einmal für eine Art der Durchführung entscheiden und dann auch dabei bleiben. – Das gilt natürlich für alle Ritualbausteine, die ich beschreibe!

Als nächstes wird die Kraft des Feuers in das Ritual hinein getragen. Dazu entzünden wir ein kleines Feuer, eine Kerze, eine Öllampe oder Ähnliches. Dabei sollten wir uns nach den örtlichen Gegebenheiten richten und auch die örtlichen Vorschriften in Bezug auf offenes Feuer respektieren, auch wenn es uns lächerlich vorkommt.

Auch das Entzünden des Feuers ist ein ritueller Akt und sollte nicht darin bestehen, mehr oder minder achtlos mit einem Einwegfeuerzeug ein Teelicht anzuzünden. Auf der anderen Seite hat es aber auch wenig Zweck, mit Feuerstein und Zunder zu hantieren, wenn wir diese Kunst des Feuermachens nicht wirklich beherrschen (so wie ich). Es gibt viele Möglichkeiten, den Respekt zum Ausdruck zu bringen, den wir der Kraft des Feuers gegenüber haben und wenn wir schon tatsächlich ein Streichholz und ein Teelicht verwenden, dann sollten wir wenigstens durch die Worte, die wir dabei sprechen, deutlich machen, dass wir das Feuer und seine Kraft einladen, an unserem Ritual teilzunehmen und uns durch sein Licht und seine Wärme an allen anderen Ritualen in der Welt teilhaben zu lassen, so wie auch wir alle anderen wohlwollenden Wesen und Kräfte einladen, sich durch dieses Feuer mit uns und unserem Ritual zu verbinden.

Einladung und Begrüßung

Nachdem das Feuer entzündet wurde, werden als nächstes die Teilnehmer eingeladen und begrüßt. Dieser Teil ist keinesfalls nur eine Formalität – im Gegenteil! Es geht darum, alle Anwesenden in das Ritual einzubinden und ihre Kräfte für den Zweck des Rituals zu sammeln. Das kann aber nur funktionieren, wenn tatsächlich alle eingeladen und zum Mitmachen aufgefordert werden.

Für die Begrüßung verwenden wir bevorzugt eine Rahmentrommel. Wer so etwas nicht besitzt kann ersatzweise auch eine Rassel verwenden.

Der Ritualleiter begrüßt zunächst jeden einzelnen der menschlichen Teilnehmer. (Es wurde bisher noch nicht ausdrücklich gesagt, aber ein Ritual ist keine basisdemokratische Versammlung der Grünen. Es gibt immer und in jedem Fall einen Ritualleiter, der für diese Aufgabe auch qualifiziert ist, und sein Wort ist wie das des Kapitäns auf einem Schiff unumstößliches Gesetz.)

Da die Teilnehmer an einem Ritual bevorzugt im Kreis sitzen, geht der Ritualleiter herum, bleibt vor Jedem/Jeder stehen und nennt deutlich seinen/ihren Namen – etwa in der Art: *„XX ist gekommen, um an unserem Ritual (für) YY teilzunehmen."*

Dann wird der Welt diese Teilnahme durch einige Trommel- und Rasselschläge mitgeteilt. Sollten Sie ein schlechtes Namensgedächtnis haben (wie ich auch), das der Fülle der Teilnehmer nicht gewachsen ist, dann bitten sie (vorher) alle, sich selbst der Welt bekannt zu machen, wenn Sie vor ihnen stehen. Jeder sagt dann selbst: *„Ich, XX, bin gekommen, um an dem Ritual (für) YY teilzunehmen"*, und der Ritualleiter bekräftigt dies mit einigen Trommelschlägen.

Dieser Teil des Rituals ist wichtig. Einerseits geht es nochmals darum, allen Beteiligten Ort, Zeit und Vorhaben deutlich zu machen, andererseits ist es wichtig, die Absicht und die Teilnehmer des Rituals den Wesen der Welt bekannt zu machen.

Es ist auch ein durchaus guter Brauch, zumindest bei größeren Ritualen, Brot und Salz miteinander zu teilen, um die freundschaftliche Verbundenheit der Teilnehmer herauszustellen. Fremde oder Gelegenheitsbekannte können gewöhnlich ihre Kräfte nicht wirklich in einem Ritual vereinen, so dass dieses Zeichen der Verbundenheit die Wirksamkeit eines Rituals verstärken würde.

Nach der Begrüßung der menschlichen Teilnehmer wendet sich der Ritualleiter als nächstes an die anderen Wesen, die ebenfalls benannt und mit einigen Trommelschlägen zur Teilnahme eingeladen werden. Die Worte sind wieder in Ihr Belieben gestellt. Sie könnten sich zum Beispiel so anhören (nach jedem Satz einige Trommelschläge):

„Ich lade alle wohlwollenden Wesen dieses Ortes ein, an unserem Ritual teilzunehmen und ihre Kräfte mit den unseren zu vereinen.

Ich lade alle wohlwollenden Bewohner dieser besonderen Zeit und dieses Augenblicks ein, an unserem Ritual teilzunehmen und ihre Kräfte mit den unseren zu vereinen.

Ich lade alle wohlwollenden Wesen und Geister der Erde, des Wassers, des Feuers und der Luft ein. Ich lade die wohlwollenden Wesen des Flusses (falls in der Nähe vorhanden), der Wolken und der Winde ein, an unserem Ritual teilzunehmen........

Ich lade die wohlwollenden Geister der Tiere, der Bäume, der Pflanzen[20] *und der Steine ein, an unserem Ritual teilzunehmen....*

Ich lade auch die wohlwollenden Ahnengeister aller Teilnehmerinnen und Teilnehmer ein, ...

Ich lade auch die wohlwollenden Seelen unserer/meiner Trommel/Rassel ein,.....

(Der nächste Satz richtet sich nach Ihrem Glauben!)

Ich bitte ebenfalls die Götter/Gott/die Welt um ihr Wohlwollen, um Duldung, Zuneigung oder Unterstützung, denn ohne die Götter / ohne Gott / ohne die Welt ist nichts wohl getan."

Es geht bei dieser Aufzählung keinesfalls darum, ein Kunstwerk aus den Worten zu formen. Im Gegenteil! Je einfacher und gleichförmiger die Aufzählung, je mehr Wiederholungen, desto stärker ist ihre Wirkung. Legen Sie sich die Worte vorher zurecht und benutzen Sie sie dann immer wieder in der gleichen Form. Vergessen Sie keinesfalls, immer das Wort „wohlwollend" einzufügen, um unangenehmen Besuch zu vermeiden. Vergessen Sie auch keine Gruppe, denn wer nicht eingeladen wird, kommt nicht oder möglicherweise so ungeordnet, dass das Ritual gestört werden könnte.

Geben Sie allen Eingeladenen Zeit zu erscheinen und sich umzuschauen. Dies ist ein guter Moment des Schweigens, den Sie ruhig auf einige Minuten ausdehnen können. Wir heutigen Mitteleuropäer können jeden Augenblick des Schweigens gut gebrauchen, um unsere Achtsamkeit für die Wesen und Kräfte zu schärfen.

---

[20] Gewöhnlich werden die Bäume und die übrigen Pflanzen getrennt benannt!

Das Dank- und Bittritual

Als nächstes werden wir in jedem Ritual einen Dank- und Bitt-Teil durchführen. Das Danken und Bitten gehört zu den wichtigsten und unverzichtbarsten rituellen Techniken. Deshalb ist dieser Ritualteil auch sehr wichtig und kann in einem größeren Ritual mehrere Male vorkommen.

Es geht in diesem Ritualteil darum, sich durch Dank und Bitte den eigenen augenblicklichen Zustand zu vergegenwärtigen, also in gewisser Weise eine „Hier und Jetzt" Bestandsaufnahme zu machen. Die meisten Menschen sind so in ihrer Alltagswelt verfangen, dass sie nicht einmal genau wissen, wie es ihnen überhaupt geht. „Wie geht es Dir?" – „Danke, gut!" – Und das war es dann auch schon.

Vergegenwärtigen Sie sich ihren Zustand, zählen Sie alle Dinge auf, die Sie haben und danken Sie dafür. Danken Sie der Welt im Allgemeinen, Ihrem Gott, Ihren Göttern, dem Schicksal – es kommt nicht darauf an, wer oder was für Sie die richtige Instanz ist. Wichtig ist der Dank selbst!

Jeder Mensch hat Grund zu danken. Auch wenn es Ihnen einmal in einigen oder sogar vielen Dingen schlecht geht, so werden Sie mit Sicherheit auch Dinge finden, für die Sie dankbar sein sollten – zum Beispiel dafür, dass Sie überhaupt lebendig sind, dass Sie sich in einem Zustand befinden, der Ihnen das Bitten und Danken und das gesamte Ritual überhaupt möglich macht. Wenn Sie das Danken ernst meinen und wirklich über Ihren Zustand und Ihre Stelle in der Welt nachdenken, werden Sie immer vieles finden, das eben nicht selbstverständlich ist, sondern ein Geschenk von wem auch immer, für das Sie dankbar sein sollten.

Versuchen Sie es einmal, und Sie werden feststellen, dass dieses Danken Sie zumindest ein Stück in Ihre Mitte führt, dass es Ihnen sie selbst und ihren Zustand vor Augen führt und Sie so dem Hier und Jetzt ein wenig näher bringt. Außerdem wird diese Form des Dankens Sie auch gelassener und ruhiger machen – gewiss ein angenehmer Nebeneffekt.

Damit wir uns nicht falsch verstehen: Es ist nicht nötig, eine stundenlange Selbsterforschung zu betreiben (kann aber auch nichts schaden). Für den Zweck dieses Rituals genügt es völlig, wenn Sie ein wenig in sich gehen und sich die wichtigsten Punkte vor Augen halten.

Sie können den Erfolg sehr leicht kontrollieren: Egal, wie es Ihnen gerade geht, gleich unter welchen Schmerzen, Verlusten, Sorgen oder anderen drückenden Gedanken Sie leiden, es gibt darunter immer etwas, für das Sie dankbar sein können und auch sein sollten. Finden Sie es und danken Sie! Dann wird es Ihnen sofort und auf der Stelle besser gehen. Sie werden sich leichter fühlen und wissen, dass der Dank-Teil des Rituals seinen Zweck erfüllt hat.

Das angemessene Danken ist die Voraussetzung für jedes Bitten. Wie könnten Sie bitten, wenn Sie nicht vorher eine Bestandsaufnahme gemacht haben? Erst wenn

Sie wissen, was Sie haben, können Sie herausfinden, was Ihnen wirklich fehlt! Viele Menschen denken heute so oft, sie brauchten dieses oder jenes. Wenn sie es dann haben, stellen sie fest, dass es eigentlich unwichtig ist – und richten ihre Wünsche auf etwas Neues. Das liegt mit Sicherheit daran, dass sie nicht wissen, was sie haben und dass sie deshalb auch nicht dankbar dafür sind.

Das soll jetzt keine Moralpredigt sein, sondern Sie nur darauf hinweisen, dass zumindest in dieser rituellen Form Dank und Bitte einen sehr hohen Stellenwert haben, und dass beide dementsprechend sorgfältig bedacht sein wollen.

Es entspricht der Tradition, für Dank und Bitte die Form der Räucherung zu benutzen. Die dafür bewährte Pflanze ist in unserer eigenen Vergangenheit, aber auch bei vielen Völkern der nordamerikanischen Indianer der Beifuß. Unsere Ahnen sagten, dass der Rauch des Beifuß unsere Botschaften, unsere Gebete, unseren Dank und auch unsere Bitten in die Welt hinaus und zu den Göttern trägt – und so ist es auch.

Also sammeln sie unter Beachtung des nötigen Respekts diesen Wesen gegenüber einige dieser Pflanzen, trocknen und verwenden Sie sie für die Dank- und Bitträucherung. Sollte es gerade Winter sein, können Sie sich auch ein wenig Beifuß in der Apotheke holen (dort wird die getrocknete Pflanze als Tee verkauft), aber betrachten Sie das nur als eine Notlösung! Die Pflanze selbst zu sammeln, sie um diese Selbstopferung zu bitten und sie dann mit Achtsamkeit und Respekt zu trocknen und vorzubereiten, ist ein Teil des Rituals und trägt zur Kraft des Rauchs bei!

Sie können sich Ihr eigenes Dank- und Bittritual erdenken oder der Form folgen, die ich in den folgenden Absätzen beschreiben werde. Das spielt keine Rolle. Wichtig ist lediglich, dass Sie eine für sich geeignete Form finden und sich in der Folge immer genau daran halten.

Ich mache mein Dank- und Bittritual so: Ich knie mich in der Mitte des Ritualplatzes auf den Boden, die mit dem getrockneten Rainfarn oder Beifuß gefüllte Räucherschale und eine Rassel vor mir. Ich schließe die Augen, vergegenwärtige mir meinen augenblicklichen Zustand, sammle die Dinge in meinem Gedächtnis, für die ich danken will und benenne sie – laut, wenn ich alleine bin, oder stumm, wenn ich für Andere mit räuchere. Dann formuliere ich meine Bitte. Meist bitte ich in diesem Zusammenhang um Erfolg für das Ritual, um Heilung, Kraft, Information, oder was auch immer gerade anliegt.

Dann entzünde ich die Kräuter, stehe auf, blase den Rauch in die sechs Himmelsrichtungen: Osten, Süden, Westen, Norden, Unten und Oben. Dabei rekapituliere ich noch einmal kurz meine Dank- und Bitt-Gedanken. Schließlich ergreife ich zum Abschluss die Rassel und rassele in die sechs Richtungen, um mir bei den Wesen, an die ich meine Gedanken richte, auch wirklich Gehör zu verschaffen.

Danken Sie an dieser Stelle auch allen Wesen, die gekommen sind, für ihre Teilnahme. Hier ist es nicht nötig, sie wieder alle aufzuzählen. *„Ich danke allen Wesen, die gekommen sind, um an unserem Ritual teilzunehmen, für ihre Mühe, ihr Wohlwollen und ihre Achtsamkeit!"* Wenn mehrere Personen teilnehmen, gibt es jetzt zwei Möglichkeiten:

Entweder Sie führen das Räuchern und Rasseln stumm durch und geben so jedem Teilnehmer die Möglichkeit, für sich ebenfalls stumm seinen eigenen Dank und seine Bitte zu sprechen, oder aber Sie tun dies stellvertretend für alle laut und geben durch eine lange Pause zwischen dem Räuchern und dem Rasseln jedem Gelegenheit, seine eigenen Gedanken anzuhängen.

Bei Heilungsritualen und noch einigen anderen Gelegenheiten bitte ich jeden Einzelnen, seine Gedanken laut auszusprechen und dem zu Heilenden seine Hilfe anzubieten. Außerdem sollte jeder auch eine entsprechende Bitte formulieren. (Weisen Sie Ihre Teilnehmer vor Beginn des Rituals darauf hin, was von ihnen erwartet wird, damit sie sich darauf vorbereiten können. – Wer unvorbereitet dazu aufgefordert wird, etwas laut zu sagen, könnte möglicherweise ganz verstummen!)

Das Hier und Jetzt

Nun geht es darum, die Kräfte aller Anwesenden zu bündeln und auf das gemeinsame Ziel zu richten. Außerdem müssen Sie den menschlichen Teilnehmern helfen, soweit wie möglich in das Hier und Jetzt zu gelangen. Auch in einem Ritual ist das Trommeln, oder ganz allgemein die schamanische Musik dafür am besten geeignet. Wenn Sie ein Ritual für sich alleine durchführen, dann können Sie sich mit Ihrer Trommel auf den Boden setzen.

Sind mehrere Teilnehmer anwesend, dann wirkt ein einfacher Kreistanz besser. Entweder verfügt jeder über ein Instrument (Trommel, Rassel, Klapper, Pfeife) oder Sie schlagen Ihre Trommel für alle. Sie können die Trommel entweder in einem völlig gleichmäßigen Rhythmus schlagen, der wie von selbst zu einem wiegenden oder stampfenden Wechselschritt führt, oder aber Sie verwenden einen der einfachen Rhythmen, die in meinem Buch über schamanische Ritualmusik beschrieben werden.

Wenn nur wenig Platz vorhanden ist, können die Teilnehmer auch auf der Stelle tanzen, indem sie einfach „von einem Fuß auf den anderen treten".

In jedem Fall ist wichtig: Es geht weder beim Tanzen noch beim Trommeln darum, Kunstfertigkeit zu zeigen oder durch irgendwelches Brimborium zu demonstrieren, wie toll man doch ist! Leute, die beim Tanzen exzessiv ihre Arme und Beine durch die Gegend schmeißen oder beim Trommeln rhythmische Mätzchen machen, sind automatisch disqualifiziert und sollten des Platzes verwiesen werden!

Ich meine das völlig ernst. Die Kunst des schamanischen Trommelns und Tanzens besteht in der völligen Zurücknahme der Persönlichkeit. Das Ego hat in diesen Dingen einfach keinen Platz – und die einfachen, gleichförmigen und monotonen Schläge und die eigentlich gar nicht existenten Tanzschritte funktionieren nun einmal am besten. Auch wenn es schwer fällt, so muss sich doch jeder zurücknehmen, sein Ego zur Seite stellen und den Kräften Raum geben, um das Ritual nicht zu zerstören. Das gilt nicht nur für Sie als Ritualleiter, sondern auch für alle Teilnehmer. Also achten Sie darauf, dass niemand aus der Rolle fällt. Das gehört zu Ihren Pflichten als Ritualleiter. (Solche Dinge klärt man natürlich vor Beginn des Rituals, wenn Neulinge unter den Teilnehmern sind! Es wäre auch völlig falsch verstandene Rücksicht oder Höflichkeit, wenn man Selbstdarsteller nicht nach Hause schickt. Bei etwas heftigeren Transformationsritualen habe ich schon erlebt, dass mir meine vermeintliche Rücksichtnahme ziemlich unangenehm auf die Füße gefallen ist, weil Teilnehmer, die ich eigentlich hätte wegschicken sollen, dem Druck der Kräfte dann nicht gewachsen waren.)

Der Hauptteil des Rituals

Nach dem Dank- und Bitt-Ritualbaustein kann der Hauptteil des Rituals beginnen. Einige grundsätzliche Fragen dazu behandele ich im nächsten Kapitel und die einzelnen Themen im dritten Teil dieses Buches. Hier sei jetzt nur noch vermerkt, wie wir das Ende des Rituals gestalten.

Das Ende des Rituals

Bei jedem Ritual wird auch das Ende markiert. Danken Sie mit einer Räucherung allen, die mitgewirkt haben, sprechen Sie Ihren Dank an Gott, die Welt oder die Götter und verabschieden Sie alle Wesen, die Sie eingangs eingeladen haben, ebenfalls mit einem Klang. Bestimmen Sie das Ende der Ritualzeit mit einem dreifachen Metallklang. Wenn Sie einen Kreis ausgelegt haben, dann öffnen Sie ihn an einer Stelle, um den Ort wieder freizugeben und bitten alle Teilnehmer, Ihnen dabei zu helfen, den Ort wieder in seinen ursprünglichen Zustand zu versetzen.

Vergessen Sie niemals, dass zu jedem Ritual, gleich wie ernst der Anlass ist, auch eine Feier gehört. Jetzt ist sozusagen der Augenblick für Bier und Wurst gekommen, für Fröhlichkeit, Tanz oder andere Vergnügungen, die Ihnen in den Sinn kommen. In den Traditionen aller Völker gehört die Feier der Lust zu jedem Ritual, sogar zu den Übergangsritualen für Verstorbene, denn das rechte Maß der Kräfte soll und muss im Ritual gewahrt bleiben. Außerdem hat das Feiern und der Genuss von „Bier und Wurst" (hier stellvertretend für die von Ihnen bevorzugten Genussmittel genannt) den Vorteil, Sie sehr schnell wieder zu „erden", Sie wieder in die Alltagswelt zurück zu bringen.

Kapitel 8
Die Bausteine der Rituale – der Kern des Rituals

In diesem Kapitel betrachten wir die Anforderungen, die von den einzelnen Ritualbausteinen erfüllt werden müssen, damit sie das Ritual wirklich mit Leben erfüllen können. Das Wichtigste ist dabei die Geschichte, die uns mit ihnen und mit den magischen Kräften der Welt verbindet.

Bisher haben wir Ritualbausteine betrachtet, die in jedes Ritual gehören oder gehören können, gleich welchem Zweck es dient. Jetzt wenden wir uns Bausteinen zu, die zu bestimmten Ritualen gehören. Dies geschieht in zwei Teilen: In diesem Kapitel beschreibe ich die allgemeinen Anforderungen und Eigenschaften, im dritten Teil des Buches werde ich dann anhand etlicher Beispiele konkrete Hinweise dafür geben, wie wir diese Bausteine mit Leben füllen können.

Die Anderswelt-Reise

Da jedes Ritual unter Anderem die Kräfte und Wesen von Alltagswelt, Anderswelt und Götterwelt miteinander verbindet, kann eine Anderswelt-Reise Bestandteil eines jeden Rituals sein. Das Problem besteht dabei darin, dass nicht jeder dieses Handwerk beherrscht. Ich will die Anderswelt-Reise hier nicht beschreiben, da ich diesem Thema ein eigenes Buch gewidmet habe.[21] Es sei nur soviel gesagt, dass die Anderswelt-Reise den tatsächlichen Eintritt in die Anderswelt ermöglicht und der direkten Interaktion mit den Kräften und Wesen der Anderswelt dient.

Ein Heilungsritual schamanischer Art ist ohne Anderswelt-Reise nicht denkbar und auch die meisten anderen Rituale würden durch eine solche Reise an Kraft gewinnen. In indigenen Kulturen, die diese Traditionen bewahrt haben, reist der Ritualleiter oder der „amtierende Schamane" (nicht zwangsläufig eine Personalunion!) in die Anderswelt, während die anderen Teilnehmer ihn mit ihren „guten Wünschen" und ihren Kräften begleiten. Der Schamane wiederum lässt die Anderen an seiner Reise teilhaben, indem er ihnen währenddessen oder nach der Reise von seinen Erlebnissen berichtet.

Wenn Sie sich mit der Anderswelt-Reise auskennen, dann sollten Sie beachten: Wenn Sie ein Ritual nur für sich durchführen, dann eignet sich jede Form der Reise. Falls Sie aber die Absicht haben, die Reise stellvertretend für die Anderen zu machen, dann kommt für diese Arbeit eigentlich nur die bewegungsinduzierte Ekstase-Reise in Frage – schon allein wegen der „Show", die Sie den Anderen bieten müssen.

Weil es so wichtig ist, sei es hier nochmals gesagt: Mit „Show" meine ich die äußere Form des wilden Tanzens und Trommelns, die „Entrückung" oder den ekstatischen Zusammenbruch, notfalls auch den Schaum vorm Mund. Bitte beachten Sie: Das ist zugleich „Show" und auch wieder nicht. Es muss „echt" sein, dass heißt, die Ekstase, die Entrückung, der körperliche Zusammenbruch des Trance-Übertritts und so weiter müssen tatsächlich geschehen, schon allein deshalb, weil die Teilnehmer an einem Ritual, zumindest während es andauert, ein extrem feines Gespür für die waltenden Kräfte haben und jeden Humbug sofort bemerken würden. Auf der anderen

---

[21] Axel Brück, Die Anderswelt-Reise, Praxisbuch Schamanische Reise, Engerda, 2005, zweite Auflage 2007

Seite bietet sich der Schamane oder schamanisch Arbeitende tatsächlich bewusst und offensiv als „Show" an, weil nur dadurch die Anderen an dem, was er tut, und den daraus entstehenden Kräften Anteil nehmen können.[22] Wenn Sie sich dieser Aufgabe nicht gewachsen fühlen, dann versuchen Sie nicht, die Anderswelt-Reise in Ihre Rituale einzubauen, es sei denn, Sie arbeiten alleine für sich, dann reicht eine einfache „Verschiebungsreise" völlig aus. (Die Verschiebungsreise verändert unsere Wahrnehmung so, dass wir in die Anderswelt eintauchen können. Die Ekstasereise ermöglicht den tatsächlichen Eintritt in die Anderswelt. Der Unterschied ist ungefähr so wie „Schnorcheln" und „Tauchen".)

Die „Geschichte" des Rituals

Den eigentlichen Kern des Rituals macht seine Geschichte aus, also das, was es mit uns, mit Alltagswelt, Anderswelt und Götterwelt, mit den Ahnen, mit unserem Land, unserer vergangenen Geschichte und uns selbst verbindet.

Diese Geschichten können sehr unterschiedlicher Art sein, sie können wie Märchen oder Mythen sein, wie schwache Echos aus entfernten Zeiten, die dennoch eine starke Wirkung haben, weil ihre archetypische Kraft uns unmittelbar berührt. Sie können wie Geschichte sein, historisch verbürgt oder mit einem Anschein der historischen Tatsächlichkeit, die durch unsere Ahnen und unsere Gesellschaft auf uns einwirkt. Sie können wie Gedichte, Musik oder Bilder sein, die uns unmittelbar anrühren ohne den Weg über die alltägliche Wirklichkeit, die Alltagssprache und die Gedanken zu nehmen. Sie können auch in uns und unserer Verwurzelung in der Welt ruhen, das Unbekannte enthüllen oder auch verbergen, sie können auch irgendetwas Anderes sein.

Diese Worte sind gewiss kryptisch, aber es ist auch nicht immer leicht auszumachen, was denn tatsächlich die Geschichte in einem Ritual ist. Ich möchte versuchen, dies an einigen Beispielen deutlich zu machen:

Erstes Beispiel: Ein Taufritual enthält viele verschiedene Geschichten: Die Geschichte vom Kreislauf des Lebens und Sterbens, dem Rad und dem Wald der Ewigen Wiederkehr, die Geschichte vom Feuer der Lebendigkeit, das mit jedem neuen Lebewesen genährt wird, die Geschichte von der Gemeinschaft aller Wesen und Kräfte der Welt, von denen das neue Leben willkommen geheißen wird, die Geschichte der Familie und der Ahnen, in deren Zusammenhalt und fortdauernden Kräften der neue Mensch hineingestellt wird, die Geschichte der Lust und der Fruchtbarkeit, aus denen neues Leben entsteht und natürlich auch die Geschichte der Familie selbst. Nun

---

[22] Ich verweise hier nochmals auf: Hultkrantz, Åke, Shamanic Healing and Ritual Drama, Health and Medicine in native North American religious traditions, New York, 1992

müssen nicht alle diese Geschichten auf einmal in einem Ritual vorkommen, aber wir können auch nicht ganz auf sie verzichten, denn letzten Endes geht es in diesem Ritual ja genau um diese Geschichten, um unsere Einbindung in die Welt und den Lauf der Zeit, die in den Geschichten Form annehmen.

Zweites Beispiel: Ein Sonnenfest, nehmen wir Beltane (oder Beltaine), das alte Fest zum 1. Mai mit der Walpurgisnacht, enthält andere Arten von Geschichten. Zunächst einmal natürlich die Geschichte des Jahresrads, die Geschichte von Werden und Vergehen, die Geschichte der Pflanzen und Tiere und ihrer im Frühjahr wieder erwachten Kräfte, dann natürlich die Geschichte der Lust und der Fruchtbarkeit, die Geschichte der Hexen und der Bocksberg-Reisen (oder auch Blocksberg genannt), die Geschichte der Ewigen Orgie zu Ehren der Götter[23], ganz sicher auch die Geschichte der Herrin und des Sommerkönigs[24], die Geschichte der Götter, insbesondere des Gehörnten Manns und der Schwarzen Frau oder einer ihrer Verkörperungen. Zugleich enthält dieses Fest Geschichten der Sonne, der Leben Gebenden und Leben Nehmenden Göttin und vom unsteten Jäger Mond, dem Gott der Jagd und der Wildheit, die in einem ewigen Werben einander umkreisen und dennoch nur selten zueinander finden können (bei Sonnen- und Mondfinsternissen), Geschichten des wachsenden Getreides und des gedeihenden Viehs und noch viele mehr.

(Da immer wieder versucht wird, die Kräfte von Sonne und Mond zu pervertieren, indem zum Beispiel von „der Mondin" geredet wird, möchte ich das einmal klarstellen: In unserer Tradition ist die Sonne weiblich und der Mond männlich und dafür gibt es gute Gründe: In unseren Breitengraden nährt die Sonne durch ihr Licht und ihre Wärme Getreide und Vieh und steht so den Menschen bei ihrer Arbeit auf Feld und Weide zur Seite, kann aber auch durch ihre sengende und verdorrende Hitze das Leben von Vieh und Getreide nehmen (so wie übrigens früher auch die Hebammen nicht nur für die Geburt sondern auch für die Tötung der unheilbar Kranken zuständig waren). Das klischeehaft weiblich Nährende steht in unseren Breiten im Vordergrund und deshalb ist die Sonne bei uns weiblich, während vor Allem in südlicheren Gefilden das Gefährliche und potentiell Tötende im Vordergrund steht und die Sonne deshalb dort auch männlich ist!

Der unstete und wilde Jäger Mond ist dahingegen „verantwortlich" für die jagdbaren Tiere des Waldes und der Wildnis überhaupt und auch für die Früchte der Bäume und Sträucher, die die Menschen nicht säen und ernten, sondern die ihnen von der

---

[23] Ausführliches dazu im Grundlagenwerk von Schubart, Walter, Religion und Eros, München, 1966 (3).

[24] Beschrieben in meinem Roman: Die Herrin und der Sommerkönig, Engerda, 2006, siehe auch J.G. Frazer, The Golden Bough, A Study in Magic and Religion, London, 1978 (9). Dieses 1000-seitige Taschenbuch ist die Zusammenfassung eines zwölf-bändigen Werks mit dem gleichen Titel und recherchiert die Geschichte der Herrin und des Sommerkönigs.

Welt geschenkt werden oder auch nicht und damit ist der Mond zumindest in unserem Teil der Welt klischeehaft männlich. – Deshalb finde ich, dass diese Verdrehung der Geschlechter nicht nur eine unsinnige Vergewaltigung unserer Sprache ist, sondern uns auch noch von der Kraft unserer Geschichten abschneidet.)

Auch hier gilt natürlich wieder, dass wir unser Ritual nicht mit allen nur möglichen und denkbaren Geschichten überfrachten sollten, aber wenigstens eine davon muss in unserem Ritual vorkommen, oder vielleicht eine davon als Haupt-Geschichte, denn tatsächlich hängen sie ja alle miteinander zusammen und kreisen um einen gemeinsamen Kern.

Drittes Beispiel: Rituale zu Ehren eines Ortes richten sich gewöhnlich an die Ortswesen oder an anders geartete Kräfte des Ortes und wir ehren den Ort, weil er einen besonderen Bezug zu uns hat – und in diesem Bezug steckt dann gewöhnlich auch seine Geschichte. Dies kann eine „historische" Geschichte sein, eine Geschichte unserer Vergangenheit und ihrer Reichweite in die Gegenwart, eine Geschichte von besonderen Kräften oder Wesen, zum Beispiel von „Kleinen Leuten" oder anderen Wesen, der Ort kann ein „Tor" zur Anderswelt sein, oder (wie die Heiligen Haine unserer Ahnen) eine Manifestation der Götter in der Welt und an all dies knüpfen sich unzählige Geschichten.

In den Geschichten ist immer die Bedeutung enthalten, der Sinn einer Zeit, einer Handlung oder eines Ortes, ebenso wie die Verknüpfung mit allen anderen Erscheinungen der Welt. Die Geschichten zeigen uns, dass die Dinge nicht isoliert nebeneinander stehen, sondern durch Sinn und Bedeutung, durch Werte und Urteile miteinander zusammenhängen und dass wir nicht nur während eines Rituals Teil der Welt und damit unauflöslicher Teil von Allem sind. Deshalb können und dürfen wir auf die Geschichten nicht verzichten, denn sie enthalten die wahre Kraft der Verbindung von Allem mit Allem. Sie erst machen uns zu Teilhabern an der Kraft der Welt – und das eben ganz besonders, wenn wir sie in einem Ritual lebendig werden lassen.

Wir könnten sogar so weit gehen zu behaupten, dass Rituale dazu dienen, uns zu Teilen der Geschichten zu machen und hätten damit wahrscheinlich genau so recht wie mit der Sichtweise, die ich in diesem Buch beschreibe. Ich muss darauf immer wieder hinweisen, um die Wichtigkeit der Geschichten deutlich zu machen. Eigentlich ist ein Ritual wie eine immerwährende Geschichte: Während wir es „aufführen", sind wir Teil der Geschichte und ihrer Kräfte, wenn wir es nicht aufführen, nimmt die Geschichte ohne uns ihren ewigen Lauf.

Wir können die Geschichten erzählen, sie schauspielerisch aufführen, sie stellvertretend durch (Ritual-)Gegenstände lebendig werden lassen, sie uns in Bildern, Tänzen, Gesängen oder Gedichten, eben in „dramatischen Aufführungen" vergegenwärtigen, um an ihrer Kraft teilzuhaben – und das ist dann der Kern des Rituals.

Wenn ich auch im nächsten Kapitel einige praktische Hinweise geben werde, so dürfte Ihnen doch aufgefallen sein, dass ich bisher keine Anleitungen niedergeschrieben habe, wann die Kerze von rechts nach links zu tragen ist oder ob ich eine Hühner- oder eine Adlerfeder zum Fächeln des Rauchs benutze. Das liegt daran, dass Alles, was ich tue, Teil der Geschichten des Rituals sein muss – und solange ich die Geschichten nicht habe, kann ich auch mit den praktischen Umsetzungen nichts anfangen. Wenn ich in einem Ritual zum Beispiel Feuer verwende, dann richtet sich die Art, in der ich dies tue, nach den Feuergeschichten, die in genau diesem Ritual eine Rolle spielen.

Benutze ich also eine Kerze, brennende oder glimmende Kräuter, ein offenes Feuer, groß oder klein, geordnet oder wild, ein Kohlebecken, glühende Holzkohle – oder was? Abgesehen von den praktischen Einschränkungen im Umgang mit Feuer kommt es auf die Geschichte an, die das Feuer erzählen soll: Eine Kerze ist ein von Menschen gemachter Gegenstand, der Licht spendet, glühende Holzkohle gibt uns Wärme, während ein offenes, loderndes Holzfeuer uns mit der wilden Urkraft des (magischen) Elements Feuer verbindet. In offenen Holzfeuern lassen sich manchmal die Feuergeister nieder, die von Feuer zu Feuer wandern und nur in ihnen zuhause sind. Die Kerze dahingegen repräsentiert das gezähmte, eigentlich auf seine Funktion des Leuchtens reduzierte Feuer, deshalb verbinden wir mit der Kerze auch nicht so sehr die Empfindung „Feuer", sondern eher „Leuchten" – und wenn wir sagen „Mir geht ein Licht auf" dann wird es comic-mäßig, aber auch in unseren Assoziationen eher mit einer Kerze (oder heutzutage mit einer Glühbirne) in Verbindung gebracht als mit einem offenen Feuer. Brauchen wir in unserem Ritual also eher die domestizierte, an den Karren unserer Bedürfnisse gespannte Kraft der Helligkeit der Kerze oder eher die potentiell gefährliche Wildheit des Brennens eines offenen Feuers? Oder Wärme und das Gefühl der Häuslichkeit oder Helligkeit und das Gefühl der Erkenntnis?

„Ach, machen wir doch ein Feuer!" ist eben noch meilenweit von der magisch-rituellen Kraft des Feuers entfernt. Wenn ich in einem Ritual ein Feuer verwenden will, dann muss ich zunächst die Geschichten des Feuers entdecken oder erlernen, die Kraft finden, die in ihnen steckt, und dann erst kann ich es sinnvoll zur Teilnahme an meinem Ritual einladen. Wenn mir aber nur jemand sagt: „Dann zündest Du eine Kerze an und stellst sie links neben Deinen Altar!" dann habe ich davon – nichts. Das liegt nicht nur daran, dass mit dieser Anweisung das „warum" nicht beantwortet ist, sondern hauptsächlich daran, dass ich die Geschichten dieser Kerze nicht kenne und deshalb auch keinen Zugang zu ihrer magischen Kraft finden kann.

Bleiben wir noch einen Moment bei der Kerze! Woraus soll sie bestehen, aus Bienenwachs oder Stearin oder Talg oder Fett, welche Farbe soll sie haben, rot oder gelb oder naturfarben? Oder soll es vielleicht gar keine Kerze sein, sondern eine Öllampe – und soll ihr Behältnis aus Glas, Keramik, Stein oder sogar Metall sein, welche Form soll es haben – und so weiter und so fort.

Es gibt Beschreibungen von Ritualen, in denen alle diese Einzelheiten auf das Genaueste festgelegt sind, gewöhnlich begleitet von der Ermahnung, dass diese Anforderungen unbedingt bis zum I-Tüpfelchen erfüllt sein müssen, damit das Ritual wirken kann. So ist es aber nicht. Einerseits stimmt es zwar, dass jede Einzelheit eine eigene Kraft hat und deshalb wichtig sein kann. Andererseits sollen alle unsere Handlungen und alle Dinge, die wir benutzen, die Geschichte lebendig werden lassen, die unser Ritual bestimmt – und da kann es eben sein, dass wir eine einfache naturfarbene Kerze nehmen, weil Farbe und Material in diesem Fall nicht zu der Geschichte beitragen. Das müssen wir von Fall zu Fall entscheiden und bei diesen Entscheidungen sollten wir uns von unseren Kenntnissen der Geschichten tragen lassen.

Wenn Sie über diese Dinge nachdenken, dann stellen Sie sich einfach vor, dass ein ziemlich hartnäckiger Mensch Sie nach der Bedeutung jeder Einzelheit fragen wird. Dann sollten Sie in der Lage sein zu erklären, wie sich Alles in die Geschichte des Rituals einfügt und dazu beiträgt, es lebendig werden zu lassen.

Wenn wir also die Geschichten im Ritual erzählen, sie schauspielerisch darstellen oder in Handlungen und Gegenständen lebendig werden lassen, werden sie dann am stärksten sein, wenn wirklich jede Handbewegung, jedes Wort, jede Pflanze, einfach Alles von den Geschichten und ihren Kräften durchtränkt ist. Das ist für uns Mitteleuropäer eine gewaltige Herausforderung, da uns die Verbindung zu unseren eigenen Geschichten im Laufe der Jahrhunderte abhanden gekommen ist. Aber ich habe bereits beschrieben, dass eigentlich alles noch da ist, dass es uns nur gelingen muss, die Geschichten wieder zu finden – und solange wir damit beschäftigt sind, sollten wir unsere Rituale einfach halten!

Gesänge, Gedichte und gesprochene Worte

Eigentlich liegt es nahe, dass Geschichten in Worten erzählt oder gesungen werden. Aber Vorsicht! Nicht jedem ist die Kraft des Wortes gegeben und nichts törnt mehr ab als eine langweilig vorgetragene Geschichte, die im Grunde genommen keiner hören will. Wieder müssen wir feststellen, dass uns die traditionellen Worte abhanden gekommen sind. Gewiss gibt es noch die Edda und andere Texte aus unserer Vergangenheit. Aber die Tatsache, dass ein Text alt ist, verleiht ihm nicht automatisch eine rituelle, magische Kraft! Er müsste schon mindestens eine von zwei Eigenschaften aufweisen:

1. Der Klang der Worte oder Silben: Es gibt viele Beispiele dafür, dass uns die Klänge von Worten anrühren oder mitreißen können, selbst wenn wir den Inhalt nicht verstehen. Dies gilt für gesprochene Worte ebenso wie für gesungene. Denken Sie nur an gregorianische Kirchengesänge, deren lateinische Texte wohl kaum jemand von uns verstehen kann, an Orff's Carmina Burana, an gesungene oder gesprochene Mantren, an die Gedichte der Dadaisten oder auch an indianische Gesänge,

die manchmal nur aus sinnleeren Silben bestehen. Dass diese Texte überhaupt keinen Inhalt haben oder einfach für uns unverständlich sind, tut ihrer Wirkung keinen Abbruch. Sie treffen uns unmittelbar unter Umgehung unseres Verstandes an einer Stelle, an der sie unbelastet vom Inhalt ihre Wirkung entfalten können.

2. Der Inhalt: Verständliche Worte, also gesungene oder gesprochene Texte, deren Inhalt wir verstehen können, wirken auf einer ganz anderen Ebene. Sie erzählen eine Geschichte, die sich mit uns verbindet. Dies geschieht jedoch nicht in der kunstvollen Form, sondern in der Intensität der Empfindung, denn auch hier sollen wir nicht nachdenken, nicht unsere analytischen Fähigkeiten der Interpretation aktivieren, sondern uns unmittelbar anrühren lassen. Denken Sie einmal an den Unterschied zwischen einem Volksmärchen und einem Kunstmärchen: Die Volksmärchen sind einfach und klar erzählt, sie wirken überwiegend durch die archaische Kraft ihrer Motive, die im Idealfall durch die Kraft des Erzählers transportiert wird, während Kunstmärchen auf der stilistischen Raffinesse des Schreibers beruhen, auf der Kunstfertigkeit des Umgangs mit den Worten.

Wenn die Kraft des Inhalts der Geschichte mit der Kraft der Klänge oder Silben zusammenfällt, entfaltet sich eine enorme Wirkung, die uns direkt in das Herz des Rituals führen kann.

Wenn wir ein Ritual für uns alleine durchführen, können wir theoretisch auf gesprochene oder gesungene Worte verzichten. Praktisch betrachtet sollten wir dies aber nicht tun, denn auch für uns selbst von uns laut gesprochene Worte wirken stärker als nur gedachte. Wenn wir aber mit Anderen gemeinsam das Ritual gestalten, sind die Worte unverzichtbar. Sie können einfach sein – sie sollten sogar einfach sein, wenn wir die Kunst des Gesangs oder der Geschichte nicht wirklich beherrschen – aber darauf verzichten dürfen wir nicht, denn in der Geschichte liegt die Essenz des Rituals. Im dritten Teil dieses Buches finden Sie Anhaltspunkte für den Inhalt solcher Geschichten.

Die Essenz des Rituals

Der eigentliche Dreh- und Angelpunkt des Rituals ist naturgemäß die Handlung, in der die Geschichte ihren Höhepunkt erfährt. In einem Taufritual wäre das zum Beispiel der Augenblick, in dem das Kind der Welt präsentiert wird, in einem Hochzeitsritual der Moment der Vereinigung des Paares (in einer symbolhaften Handlung – um Missverständnissen vorzubeugen). Auf diesen Augenblick steuert alles zu und in ihm sollte sich die gesamte magische Kraft des Rituals entfalten. Wenn wir ein Ritual entwerfen, ist es deshalb auch am Besten, von diesem Augenblick auszugehen und den Ablauf dramaturgisch so zu gestalten, dass er darin seinen Höhepunkt findet.

Manchen mag es nahezu blasphemisch vorkommen, so zu denken. Tatsächlich aber ist ein Ritual, wie ich nun schon oft genug betont habe, ein Schauspiel, die Aufführung eines Dramas (oder auch eines Lustspiels), dessen Ablauf dazu dient, die Kräfte der Welt und aller Beteiligten zu einem bestimmten Zweck zu formen.

Jeder, der sich schon einmal von einer Oper, einem Schauspiel oder auch einem Film hat einfangen lassen, hat erfahren, welch große Kraft in der gut und richtig erzählten Geschichte steckt. Und diese Kraft (die ja, wie wir wissen, die Kraft der äußeren Form ist) benutzen wir ganz bewusst, diesmal eben nicht, um uns das Eintrittsgeld aus der Tasche zu locken, sondern um uns auf diesem Weg mit den magischen und allen anderen Kräften der Welt zu verbinden. – Das ist dann ein Ritual.

Ritualkasten

Kapitel 9
Ritualgegenstände und „Zubehör"

An verschiedenen Beispielen erfahren wir, welche Ritualgegenstände wichtig sind und wie sie in einem Ritual eingesetzt werden können, um ihre größte Kraft zu entfalten.

Wie jedes Schauspiel, jede dramatische Aufführung Masken, Kostüme oder Kulissen braucht, so braucht jedes Ritual magische Gegenstände und „Zubehör". Anders als der Fundus des Theaters, der nur deshalb sorgfältig behandelt wird, weil seine Herstellung aufwendig und teuer war, so enthalten Ritualgegenstände magische Kraft, die nicht zuletzt daraus entsteht, wie wir mit ihnen umgehen und was wir mit ihnen tun.

Bei den indianischen Völkern oder in Tibet, Nepal und anderen Gegenden der Welt, in denen die rituellen Traditionen noch lebendig sind, können wir uns anschauen, wie der Umgang mit Ritualgegenständen aussehen sollte. Daraus können wir lernen, denn dieser Umgang ist universell und höchstens in einigen Details kulturell geprägt.

Ein Ritualgegenstand wird speziell angefertigt (oder im Fall natürlicher Gegenstände gefunden und für rituelle Zwecke „reserviert"). Er wird niemals für irgendeinen anderen Zweck verwendet. Bei den größeren Ritualen, die nicht von einer einzelnen Person, sondern wie zum Beispiel bei den Indianern von einer „Ritualgesellschaft" durchgeführt werden, gibt es die „Hüter" der Gegenstände, die dafür verantwortlich sind, dass diese Gegenstände respektvoll und in einem eigenen rituellen Rahmen bewahrt werden, bis sie wieder für ein Ritual verwendet werden. Der Umgang der katholischen Kirche mit ihren Reliquien gibt uns ein weiteres Beispiel für den Umgang mit rituellen Gegenständen, denn Reliquien sind nun einmal nichts anderes als Ritualgegenstände.

Daraus lernen wir, dass ein Ritualgegenstand nicht achtlos behandelt werden darf. Auch seine Aufbewahrung und seine Pflege stellen ein Ritual dar, das ihm zusätzliche magische Kraft verleiht, ebenso wie seine „ordnungsgemäße" Anfertigung. Setzen wir dies einfach als gegeben voraus und schauen uns einige Beispiele an:

Bekleidung – Kostüme

Über neue Bekleidung für bestimmte Transitionsrituale ebenso wie über spezielle „festliche" Bekleidung, die für Rituale reserviert wird, habe ich bereits gesprochen. Schamanen oder Ritualmeister haben gewöhnlich ihre eigene „Kraftkleidung", die sich dadurch auszeichnet, dass jedes Detail, jede Verzierung oder Applikation ihre eigene Bedeutung und Kraft hat und die Geschichte der Kraft des Schamanen oder Ritualmeisters erzählt.

Kostüme wiederum werden für einen bestimmten Zweck angefertigt, für eine bestimmte „Rolle", wie zum Beispiel Sonnen- und Mondkostüme, Kostüme, die Andersweltwesen darstellen oder auch Kräfte der Welt. Es sollte offensichtlich sein, dass man solche Bekleidungen nicht „nur so" trägt, sondern weil man in einem Ritualtanz oder in der dramatischen Aufführung einer rituellen Geschichte eine bestimmte Rolle, ein Wesen oder eine Kraft verkörpern soll. Die heute noch ausgeübten alemannischen Fastnachtstänze und -umzüge, die wegen ihrer immer noch vorhandenen besonderen Kraft alljährlich zur Karnevalszeit im Fernsehen zu bewundern sind, geben dafür ein gutes Beispiel. Wer sich für die Kraft von Kostümen interessiert, sollte sich im Hamburger Museum für Völkerkunde einmal die in einem eindrucksvollen Raum präsentierten Kostüme und Masken eines schon lange untergegangenen Südsee-Volkes anschauen. Ihre magische Kraft ist zwar verschwunden und die in ihnen steckenden Geschichten verstehen wir auch nicht, weil sie uns zu fremd sind, aber dennoch strömen sie eine Intensität aus, die diesen Museumsraum zu einem wenn auch nur schwachen magischen Ort machen.

Wir können auch ermessen, wie viel Arbeit und Sorgfalt in diesen Gegenständen steckt. Sicher braucht es viel Zeit, ein Kostüm anzufertigen oder ein vorhandenes Bekleidungsstück zu einem Kostüm umzuarbeiten und Manchen wird der Aufwand einfach zu viel sein. Allerdings sollten wir bedenken, dass Rituale jeder Form sich aus unserem Konsumdenken und aus unserer ex-und-hopp Mentalität herausheben sollten. Alles, was wir für ein Ritual benötigen, dient nicht einem einmaligen Vergnügen, so wie ein Faschingskostüm, das nur eine Session lang getragen wird. Selbst wenn wir die „Rolle" nur ein einziges Mal übernehmen sollten, werden Andere nach uns kommen und unser Kostüm tragen, denn es ist keinesfalls an die Person gebunden, sondern nur an die Kraft, die es verkörpert und enthält. Was macht es also, wenn das Kostüm dieses Jahr nicht fertig wird – und nächstes Jahr auch nicht?

Aus dem oben Gesagten müsste übrigens deutlich werden, dass die wesentlichen Teile von Kostümen niemals passgenau gearbeitet werden! Sie sollten wie Umhänge oder Überwürfe eher in die Richtung „Einheitsgröße" gehen. Persönliche Eitelkeit hat hier nichts zu suchen.

Bücher wie „Feste, Mythen, Rituale"[25] enthalten nicht nur interessante Anregungen für die Gestaltung von Kostümen (und Masken), sondern erzählen auch die mit ihnen verknüpften Geschichten. Das sollte wie immer nicht zur Imitation führen, sondern als Anregung dienen!

Eigentlich ist es unmöglich pauschal zu sagen, welche Kostüme für ein Ritual nötig oder möglich sind, denn das hängt natürlich von der Geschichte ab, die wir erzählen wollen. Einige Hinweise müssen deshalb genügen:

Zu den Jahreszeitenfesten (siehe Kapitel 11) benötigen wir an erster Stelle Sonne und Mond als Darsteller (immer vorausgesetzt natürlich, dass wir der Tradition folgen und darstellende Tänze oder „dramatische Aufführungen" in unser Ritual einbauen wollen). Die Kräfte der Jahreszeiten in personifizierter Form können ebenfalls dazugehören. Einen Sommerkönig und eine Herrin können wir noch hinzufügen, ebenso wie uns selbst zum Beispiel in der Form unserer anderweltlichen Krafttiere.[26] Die

---

[25] Volker Sommer, Feste, Mythen, Rituale, Warum die Völker feiern, Hamburg, 1992

[26] In meinem Roman „Die Herrin und der Sommerkönig, Eine Geschichte von Liebe, Lust und Tod" habe ich etliche Rituale detailliert beschrieben. Auch dort können Sie sich Anregungen holen.

Geschichte des Festes oder der Jahreszeit, die wir feiern wollen, gibt uns den Rahmen für die Dramaturgie vor.

Kostüme müssen übrigens nicht aufwendig gestaltet sein. Farbige Tücher, vielleicht mit Mustern oder Pictogrammen bemalt, genügen unter Umständen völlig und sind in jedem Fall besser als nichts! Und wie oben bereits angedeutet, haben wir Jahre Zeit, um immer wieder an den Kostümen zu arbeiten, sie zu verfeinern und so nicht nur durch die regelmäßige Benutzung, sondern auch durch die Beschäftigung mit ihnen immer mehr mit Kraft aufzuladen. Wer Rituale feiern und sie wieder in unserer eigenen Welt lebendig werden lassen will, denkt nicht kurzfristig, sondern eher in Generationen, von denen wir nur ein Teil sind! Auch darum geht es in den Festen des Jahreskreises – und auch das sollte sich in unserer Arbeit an den Ritualen widerspiegeln, ebenso wie Geduld und Gelassenheit, zu denen uns die Rituale auch führen können.

Masken

Was ich hier über die Kostüme aufgeschrieben habe, gilt natürlich auch und sogar noch mehr für Masken. Masken sind äußerst kraftvolle magische Gegenstände und ihre sachgerechte rituelle Anwendung hat die Kraft, ihren Träger tatsächlich für die Dauer des Rituals in dasjenige Wesen zu verwandeln, das die Maske darstellt. Ich muss wohl nicht ausdrücklich betonen, dass diese Art von Kraft mit Vorsicht behandelt werden sollte.

Masken können in ihrer Konstruktion sehr unterschiedlich sein. Die Bandbreite reicht von schlichten, bemalten oder bedruckten Pappmasken, die mit einem Gummiband versehen aufgesetzt werden können über Stockmasken bis hin zu plastisch ausgeführten Masken, die den gesamten Kopf bedecken.

Auch hier gilt wie immer, dass es besser ist, etwas sehr Einfaches zu benutzen als gar nichts. Und wie bei den Kostümen haben wir ja die Möglichkeit, im Laufe der Jahre Verbesserungen und Ergänzungen anzubringen.

Generell erfordert es nicht sehr viel handwerkliches Geschick, zum Beispiel eine Sonne auf Pappe aufzuzeichnen, sie anzumalen, auszuschneiden (die Augenlöcher nicht vergessen) und entweder an einem Handstock zu befestigen oder sie, wenn sie nicht zu schwer ist, mit einem Gummiband oder Lederriemen zu versehen. Es gibt etliche Bastelbücher, in denen Sie alles über die Anfertigung von Masken nachlesen können. Deshalb will ich mich hier auch nicht weiter damit beschäftigen.

In unserem Zusammenhang viel wichtiger ist die Frage, zu welchem Zweck eine solche Maske denn im Rahmen des Rituals dienen soll. „Nur so" getragen erfüllen Masken keinen besonderen Zweck. Sie müssen im Rahmen eines „Schauspiels" oder eines Maskentanzes dazu dienen, die Geschichte des Rituals zu erzählen und dadurch dazu beitragen, die Kraft der Geschichte lebendig werden zu lassen.

Es gibt im Fernsehen immer wieder Dokumentarsendungen, in denen wir farbenprächtige Prozessionen mit Kostümen, Masken und Musik bewundern können, mehr oder wenige aufwendige und schwierige Tänze. Wir können uns von diesen Bildern beeindrucken lassen, aber auch wenn der Kommentar rudimentäre Auskünfte darüber gibt, worum es dabei eigentlich geht, so können wir an der Kraft dieser Schauspiele nicht teilhaben. Jede Einzelheit, die wir sehen und hören, ist mit Bedeutung aufgeladen und mit magischer Kraft, aber außer in einem sehr generellen Sinn wird das an uns vorbeigehen, weil die auf diese Art erzählten Geschichten nicht die Unseren sind.

Wenn Sie also daran denken, in Ihren Ritualen Kostüme und Masken zu verwenden, so müssen Sie schon Ihr eigener Drehbuchschreiber, Regisseur und Choreograf werden. Dabei ist natürlich Einiges zu bedenken. Die erste und größte Falle, die sich uns westlich orientierten Menschen nachgerade anbietet, hat mit unserem Ego zu tun. Wir wollen keine „Kunst" produzieren und vor allem wollen wir uns nicht, unter gar keinen Umständen und auch noch keinesfalls, niemals und so weiter selbst profilieren! Unser Ego hat in einem Ritual nichts zu suchen, es wird bestenfalls verhindern, dass wir an seiner Kraft teilhaben können!

Es geht nicht darum, wer am schönsten tanzt, die tollsten akrobatischen Verrenkungen fertig bringt, das aufwendigste Kostüm hat, die wichtigste Rolle spielen darf oder was es an Anlässen für Eitelkeiten noch so geben mag! Die in den tibetischen rituellen Prozessionen und rituellen Tänzen verwendeten Kostüme zum Beispiel sind teilweise jahrhundertealt, wurden immer wieder ergänzt, verbessert, verändert, natürlich auch repariert, doch niemand weiß, wer sie angefertigt und wessen Kunstfertigkeit zu ihrer Kraft beigetragen hat. Genauso wenig wie jemand weiß, wer sie trägt und sie während des Rituals mit Leben und magischer Kraft füllt.

Mit anderen Worten: Was die meisten von uns bewusst oder unbewusst am liebsten tun, nämlich sich selbst in irgendeiner Weise zu profilieren und darzustellen, ist an dieser Stelle fehl am Platze! Wenn wir bescheiden sind und in unseren Bemühungen einfach bleiben, wird es uns am ehesten gelingen, zur Kraft des Rituals beizutragen.

Doch zurück zu den Masken! In den folgenden Kapiteln über bestimmte Rituale werde ich Hinweise darauf geben, welche Kräfte oder Wesen durch Masken und Kostüme im Ritual verkörpert werden können. Bedenken Sie lediglich, dass dies nur unverbindliche Hinweise sein können, denn schließlich erzählen Sie die Geschichte und nur Sie können wissen, wie sich ihre Kraft am besten manifestieren lässt. Beginnen Sie in jedem Fall mit einfachen Masken und einfachen Darstellungen. Wenn Sie glauben, dass die Teilnehmer an Ihrem Ritual die Geschichte nicht kennen und auch aus der Darstellung allein möglicherweise nicht verstehen, dann sorgen Sie dafür, dass die Geschichte außerdem noch erzählt wird!

Bei Völkern, deren Traditionen noch lebendig sind, kennen alle Teilnehmer die Geschichten und die Wesen, die in ihnen eine Rolle spielen, von Kindheit an. Ihre Teilnehmer werden zwar gewiss eine Sonne oder einen Mond in einer Maske erkennen. Aber werden die Geschichten dieser Kräfte oder Wesen auch in ihnen lebendig?

Sorgen Sie übrigens zumindest in größeren Ritualen auch für Clowns! So seltsam uns das auch anmuten mag, die wir an Ernst und Feierlichkeit im Zusammenhang mit dem „Spirituellen" gewohnt sind: Clowns sind zum Beispiel bei den nordamerikanischen Indianern unverzichtbarer Bestandteil vieler großer Rituale.[27] Diese Clowns, die mit ihren zum Teil extrem derben Späßen jede europäisch orientierte Geschmacksgrenze überschreiten, stehen für den Einbruch der Wildheit und des Irrationalen in die Welt und zugleich erinnern sie daran, dass wir niemals die Kraft der Lust, die Freude und auch den sehr irdischen Spaß vergessen dürfen, gleich wie ernst und vielleicht sogar dramatisch das Ritual ist, in dem wir uns bewegen. Sie sorgen, um ein in esoterischen Kreisen übliches Bild zu bemühen, für Erdung und Bodenhaftung.

Neben den Masken, die von einer Person getragen werden, gibt es noch andere Masken oder auch ganze Figuren wie zum Beispiel bei manchen chinesischen Festen die großen Drachen, die gewöhnlich von einer Tänzertruppe auf Stöcken getragen und im Tanz animiert werden. Hierzu gehören auch große Masken, die auf langen Stangen umhergetragen oder einfach aufgestellt werden oder überdimensionale, mit Szenen oder Gesichtern bemalte Laternen, wie sie heute noch in der Baseler Fasenacht üblich sind.

Diverse Gegenstände

Räuchergefäße: Wenn es einen Ritualgegenstand gibt, der nahezu unverzichtbar ist, dann ist dies das Räuchergefäß. Darüber habe ich bereits eingehend berichtet. Deshalb muss ich hier nicht mehr darauf eingehen.

Altar der vier Elemente: Manche verwenden in ihren Ritualen auch einen „Altar der vier Elemente", der uns unsere Welt in kompakter Form vor Augen führt. Ich mache das so: Eine mit Wasser gefüllte Schale steht natürlich für das Element Wasser. In das Wasser lege ich einen Stein für das Element Erde, darauf eine Vogelfeder für das Element Luft und obenauf ein Teelicht oder eine kleine Kerze für das Element Feuer. Wenn es in irgendeiner Form in das Ritual hineinpasst, dann setze ich diesen „Altar" erst während des Rituals zusammen und nutze die Gelegenheit, um den (materiellen) Elementen, die unsere Lebensgrundlage bilden, zu danken und sie auf diese Weise um mich herum und in mir zu spüren. (Das fördert auch wieder den Hier-

---

[27] Mails, Thomas E., Geheime indianische Pfade, Ein Führer zu innerem Frieden, München, 1991 und Hultkrantz, Åke, Shamanic Healing and Ritual Drama, Health and Medicine in native North American religious traditions, New York, 1992

Ein sog. TAMS (Transport-Altar für mobile Schamanen)

Ritualstäbe

und-Jetzt Zustand, den wir für eine erfolgreiche Aktivierung der magischen Kräfte brauchen.

Kraftstäbe, Kraftgegenstände: Viele von uns werden einen Kraftstab oder einen Kraftgegenstand besitzen oder bewahren, der alle magischen Verrichtungen begleitet. Auch in Ritualen werden wir nicht auf seine Präsenz verzichten können und wollen. Allerdings wird er gewöhnlich keine „prominente Rolle" spielen, denn er gehört zu unserer persönlichen Geschichte und nicht konkret zu der des Rituals. Etwas Anderes sind Ritualstäbe. Sie gehören, wenn sie denn vorhanden sind, zum Ritualmeister und zu der besonderen Kraft und den besonderen Kenntnissen desjenigen, der die Rituale leitet. Der Ritualmeister wird seinen Ritualstab benutzen wie der Dirigent seinen Taktstock und nicht nur alle Teilnehmer, sondern auch die im Ritual freigesetzten Kräfte werden den „Winken" dieses Stabs so folgen wie die Musiker des Orchesters dem Taktstock.

Ein solcher Stab muss übrigens weder besonders prächtig noch aus besonders exotischem Material gefertigt sein. Ein ganz normaler, unverzierter Stock aus einheimischem Holz würde diese Aufgabe wunderbar erfüllen, denn er bezieht seine Kraft aus der regelmäßigen Verwendung im Ritual und füllt sich wie ein Akkumulator jedes Mal, wenn er benutzt wird, mit mehr magischer Kraft, die uns immer wieder zur Verfügung steht. (Hier unterscheidet sich magische Kraft übrigens sehr von physikalischer Kraft. Ein elektrischer Akkumulator entleert sich beim Gebrauch und muss dann wieder aufgeladen werden, während ein magischer Akkumulator seine Kraft aus dem Gebrauch zieht und sie für den Gebrauch wieder zur Verfügung stellt, ohne sie dabei zu verlieren.)

Musikinstrumente: Über Rasseln und Trommeln haben wir bereits gesprochen. Neben Rufhörnern, Schwirrhölzern (die auch in unserer Tradition seit der Steinzeit bekannt sind), Glocken, Gongs, Klangblechen, Dords (ein Didgeridoo-ähnliches Blasinstrument, das ebenfalls aus unserer eigenen Tradition stammt, gibt es fast nichts, was sich nicht für die Erzeugung schamanischer Klänge eignen würde. Der Klang aneinandergeschlagener Kieselsteine hat zum Beispiel nicht nur eine stark bewusstseinsverändernde Wirkung (mindestens sechs Personen müssen mitspielen – und zwar genau im Takt), sondern auch eine beachtliche magische Kraft.

Ich kann gar nicht oft genug wiederholen, dass ein Ritual ohne die Kraft der Klänge undenkbar ist. Musikalische Kenntnisse sind dabei nicht erforderlich, sehr wohl jedoch Kenntnisse über die magische und bewusstseinsverändernde Kraft der Klänge.[28] Hier kann ich ruhigen Gewissens mein eigenes Buch über schamanische Ritualmusik empfehlen, denn meines Wissens ist es die einzige Veröffentlichung zu diesem Thema.

---

[28] Axel Brück, Schamanische Ritualmusik und die Kraft der Klänge, Engerda, 2005

Ritualglocken

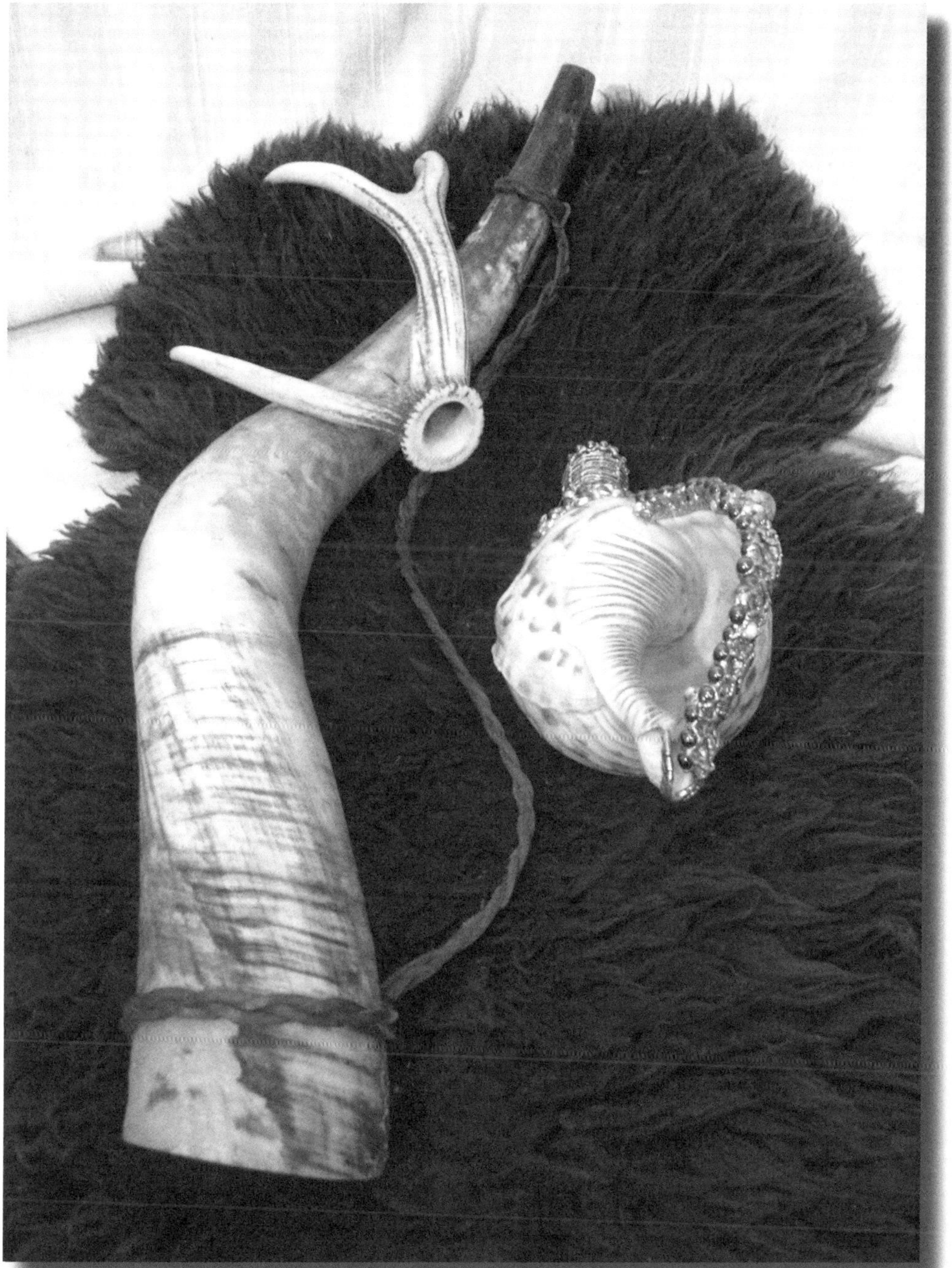

Ritualhörner

Tanzrasseln

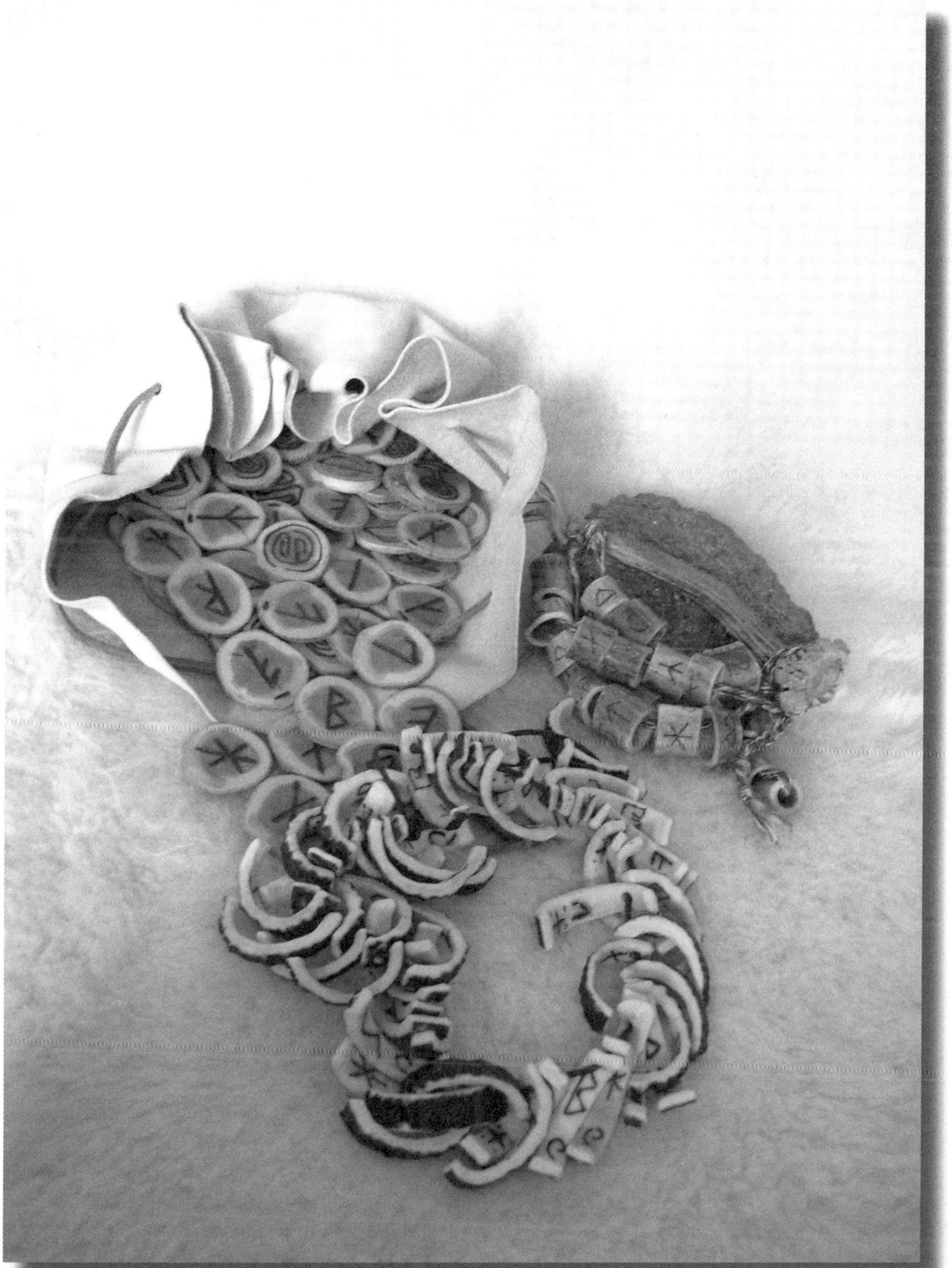

Runen-Rassel-Ketten

Rassel, Hornbehälter für Kräuter und *Spirit*-Horn

Hornrasseln

Rasseln

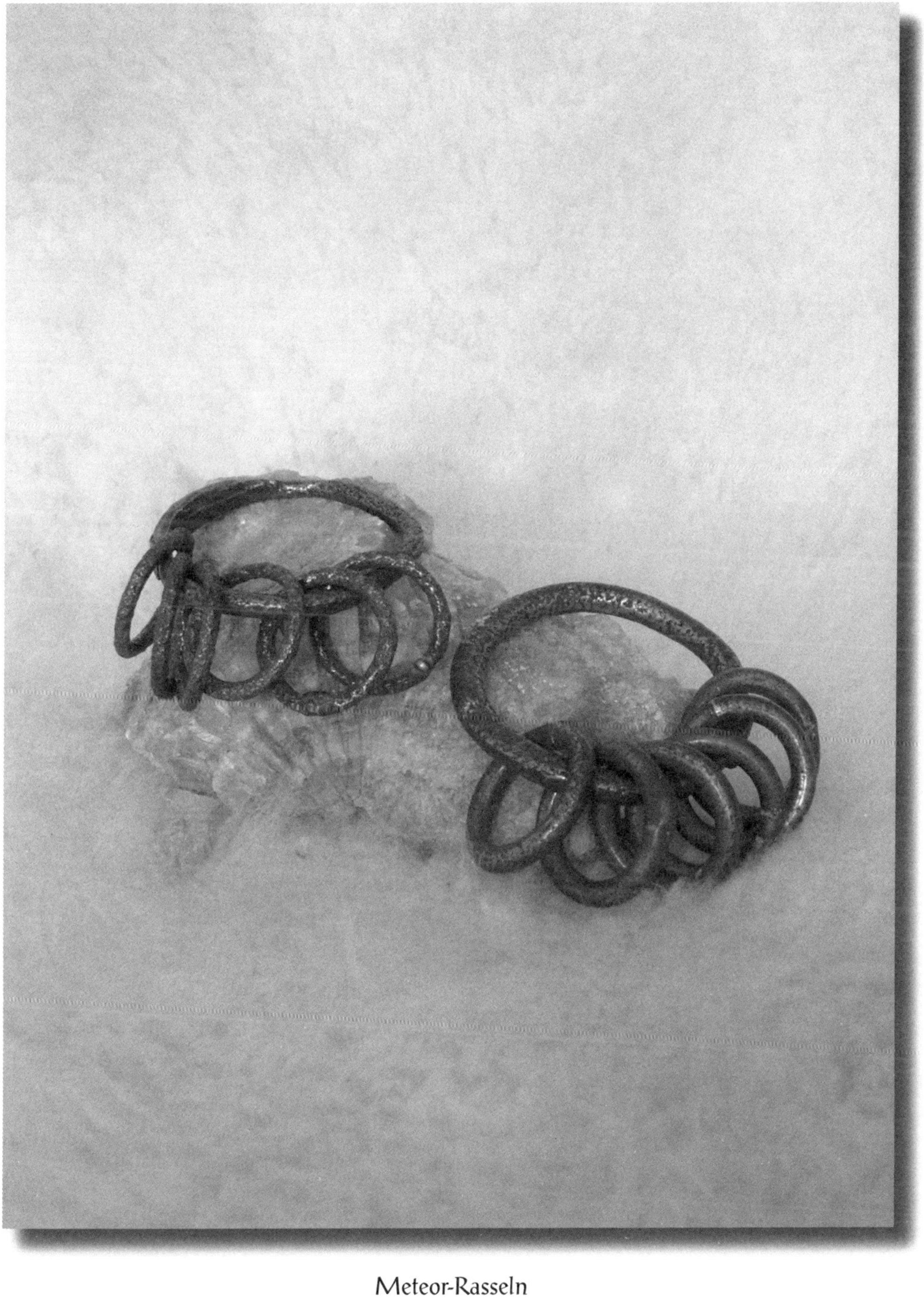

Meteor-Rasseln

Kraftstab und Rassel

Trommel und Rasseln

Ritualtrommel und Rassel

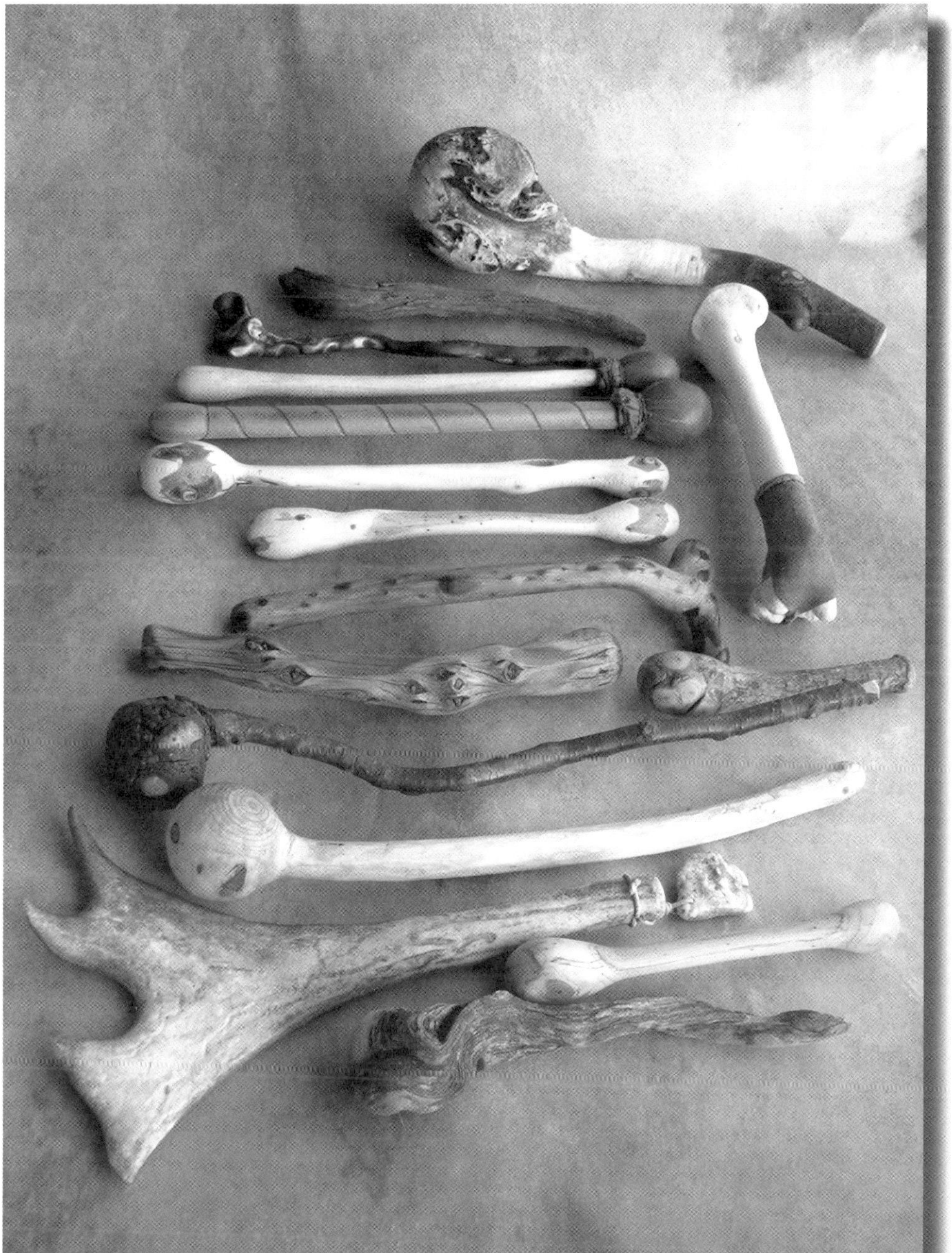

Trommelstöcke aus verschiedenen Materialien

Es sollte sich eigentlich von selbst verstehen, dass auch in Ritualen verwendete Musikinstrumente mit besonderem Respekt behandelt werden müssen und nicht wie „normale" Instrumente.

Kräuter

Das Thema Räucherkräuter wurde bereits behandelt. Einige zusätzliche Bemerkungen sind aber angebracht:

Natürlich können wir die Dinge kompliziert machen, indem wir eine Vielzahl von Kräutern in den unterschiedlichsten, dem jeweiligen Anlass angemessenen Mischungen verwenden. Das ist sicher auch sehr gut, denn die Kräfte der Pflanzen sind stark und können in unseren Ritualen äußerst hilfreich sein. Allerdings taugt es nicht viel, wenn wir die Räucherpflanzen in einem Versand bestellen. Wir müssen sie schon selbst sammeln und dabei ein paar eigentlich einfache rituelle Vorschriften beachten. Vor Allem geht es hierbei um Achtsamkeit und Respekt: Wir machen uns mit den Pflanzen vertraut und sammeln sie nur in der richtigen Jahreszeit (Informationen dazu in allen Kräuterbüchern). Wir bitten die Pflanze oder vielmehr den Pflanzengeist (die Pflanzendeva) um die Erlaubnis, sie ernten zu dürfen. Nur wenn diese Erlaubnis auch gegeben wird, nehmen wir uns, was wir brauchen – und zwar nicht mit einem Eisenmesser[29] geschnitten – und danken anschließend dafür. Es ist übrigens erstaunlich, aus wie wenigen Pflanzen ein Jahresvorrat entsteht und es gibt nicht den geringsten Grund, alles abzurupfen, was uns in die Quere kommt. So ergeben zum Beispiel je nach Größe sieben bis zwölf prächtige Rainfarnpflanzen einen reichlichen Jahresvorrat für unsere Räucherungen. Sollte nach einem Jahr noch etwas übrig geblieben sein, so opfern wir den Rest im Sonnenwendfeuer und sammeln einen neuen Vorrat.

Was vor Allem manche Vegetarier schon mal gerne vergessen ist, dass auch Pflanzen mit einer Seele begabte Lebewesen sind (auch wenn die meisten Kräuter „nur" eine Gruppenseele, eben eine Pflanzendeva haben) und dementsprechend mit Respekt und Achtsamkeit behandelt werden sollten. Nur wenn wir dies tun, werden sie uns ihre gesamte Kraft in unseren Ritualen schenken.

Zu diesem Respekt gehört übrigens auch, dass wir zumindest die Verbrauchsmengen in ansprechenden Gefäßen aufheben, die diesen Respekt zum Ausdruck bringen.

---

[29] Buntmetall wie Kupfer oder Messing ist ebenso verwendbar wie Knochen, Geweih oder Feuerstein. Lediglich Eisen und damit natürlich auch Stahl müssen gemieden werden!

Der „Hausaltar"

Eigentlich hat ein „Hausaltar", gleich wie er beschaffen sein mag, zumindest in einem öffentlichen oder im Freien stattfindenden Ritual nichts zu suchen, denn wie der Name schon sagt, gehört er ins Haus und ist unsere ganz private Angelegenheit. Ich erwähne ihn trotzdem hier, weil jeder, der Rituale durchführen will, so etwas unbedingt braucht. Der Hausaltar ist der Ort für unsere alltäglichen Rituale, er ist nicht unbedingt Gegenstand der Verehrung, aber doch zumindest der Ruhepunkt, an dem wir uns den Kräften auf alltägliche Weise nähern können, mit denen wir in unseren Ritualen umgehen wollen. Wenn wir dies nicht auf eine völlig selbstverständliche und eben alltägliche Weise tun, dann werden wir es in unseren „größeren" Ritualen auch nicht schaffen.

Unser Alltag ist nicht mehr wie der unserer Ahnen von der Präsenz des Magischen und des Göttlichen in der Welt geprägt – im Gegenteil, diese Kräfte gehen in den widerstreitenden Kräften unserer Gesellschaft einfach unter und deshalb ist es wichtiger denn je, sie uns täglich zu vergegenwärtigen und sie so in unser Leben einzubinden. Und genau dazu dienen die kleinen Rituale des Alltags und dazu dient auch ein Hausalter, gleich wie schlicht er beschaffen ist.

Sonstiges

Manche Leute häufen eine ziemliche Menge an Ritualgegenständen an, für jede Handreichung einen. Das ist im Prinzip natürlich Geschmackssache. Allerdings sollten wir eines dabei beachten: Wenn ich sieben Sorten Messer, drei Scheren, zwölf Sorten Kerzen ein halbes von diesem und ein ganzes Dutzend von jenem habe und auch verwenden will, dann sollte ich auch die Geschichte aller dieser Gegenstände genau kennen und wissen, wie ich mit ihnen umgehen muss, um ihre Kraft zu entfalten.

Kurz gesagt: Bei manchen Leuten bricht im Zusammenhang mit Ritualgegenständen der Sammlertrieb aus. (Ich kenne das von mir, ich sammele zwar nicht, sondern mache selbst, aber da auch darin eine eigene Befriedigung liegt, muss ich mich immer wieder zur Ordnung rufen. Allerdings gibt es glücklicherweise auch Leute, die nicht selbst handwerken können oder wollen und schon ist für mich die Entschuldigung da, wieder mal etwas herzustellen.) Zügeln Sie sich zumindest in der Anwendung ritueller Gegenstände. Die in einem Ritual enthaltene Kraft kann zwar sehr groß sein, wenn ich sie aber auf eine größere Anzahl Gegenstände verteile, dann verwässere ich sie eher, während ich sie durch eine Beschränkung auf das Nötigste enorm verstärken kann.

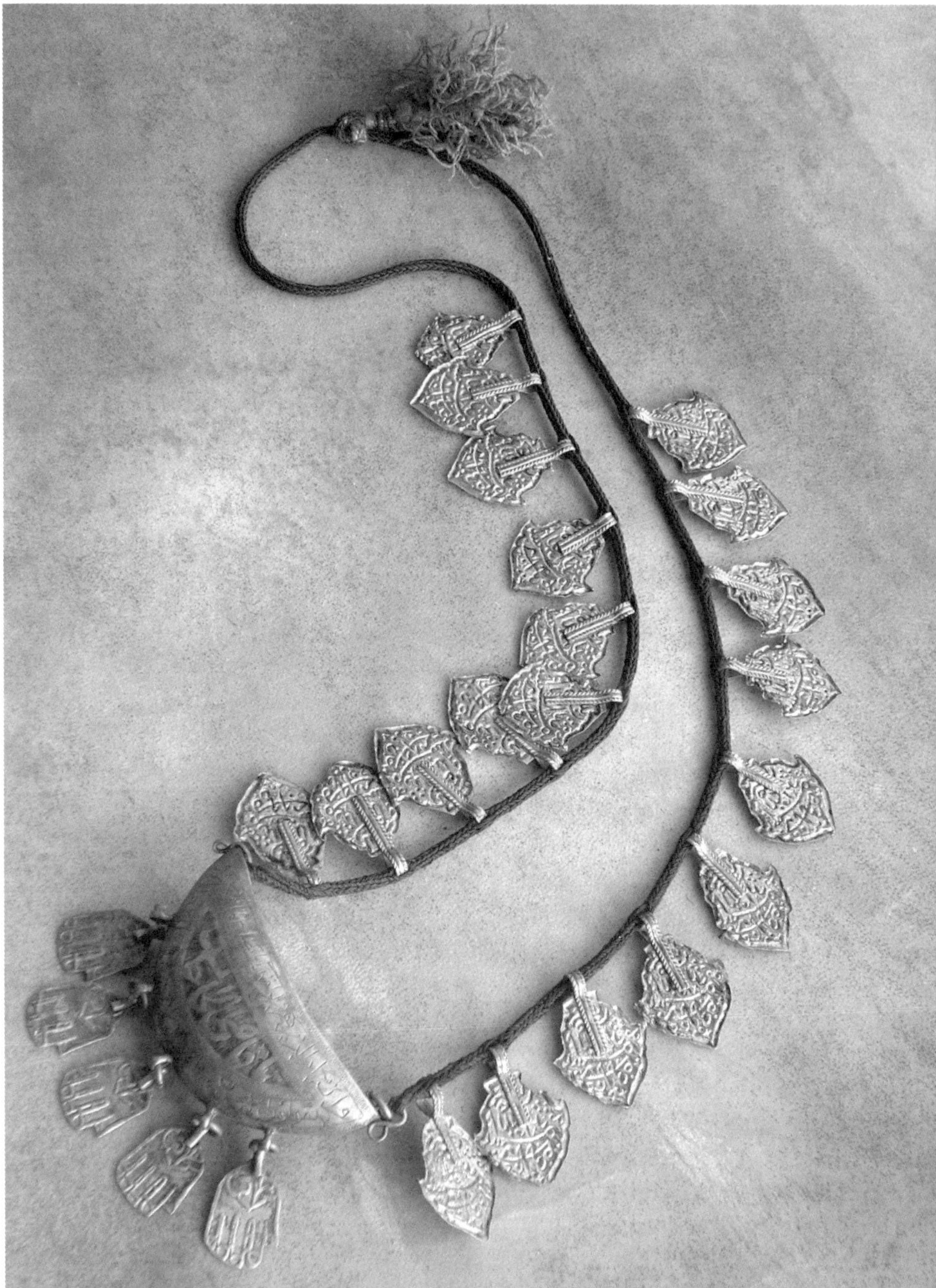

Ritualkette

Teil III
Rituale im Leben

Ritualpfeifen aus Geweihhorn

Kapitel 10
„Öffentliche“ & „persönliche“ Rituale

Dieses Kapitel enthält wichtige Vorbemerkungen zu den Beschreibungen unterschiedlichster Rituale in diesem Teil des Buches.

In den folgenden Kapiteln beschreibe ich einige Rituale, die wir nur für uns selbst durchführen und die sich vor allem auf die kleinen alltäglichen Dinge richten. Andere Rituale wiederum sind so gestaltet, dass wir sie zusammen mit anderen Menschen durchführen, sie sind sozusagen „öffentlich".

Es dürfte klar sein, dass diese „öffentlichen" Rituale einen viel größeren Aufwand erfordern und auch durchaus anderen Gesetzmäßigkeiten unterliegen als die privaten oder persönlichen. Wir haben ja bereits darüber gesprochen, dass ein Ritual immer auch ein Schauspiel ist, ein Drama oder eine Theateraufführung. Dennoch gibt es natürlich einige Unterschiede zwischen diesen beiden Ritualarten, die zum Teil sehr wichtig sind.

Teilnehmer und Zuschauer

Im Gegensatz zu Aufführungen jeder Art verträgt ein Ritual keine Zuschauer – und zwar unter gar keinen Umständen. Es mag zwar passive Teilnehmer geben, also Menschen, die keinen aktiven, handelnden Part im Ritual einnehmen. Aber so etwas wie neugierige Zaungäste oder das Äquivalent von Theaterbesuchern dürfen wir nicht zulassen. Die störende Kraft solcher Menschen, so lieb sie auch im Einzelnen sein mögen, würde die Kraft des Rituals in jedem Fall schmälern. Darüber hinaus entfaltet das Ritual seine Wirkung zu einem großen Teil durch die veränderten Bewusstseinszustände, die nur in den Teilnehmern entstehen können und nicht in Zuschauern!

Ich habe für mich daraus drei Konsequenzen gezogen. Erstens: Ich lasse keine Zuschauer zu. Zweitens: Ich erlaube das Fotografieren und Filmen während der Rituale nicht. Drittens: Um anderen Menschen dennoch eine Vorstellung davon geben zu können, was ein Ritual ist und wie es sich „anfühlt", führen meine Freunde und ich gelegentlich etwas auf, das ich eine „konzertante Aufführung ritueller Musik" nenne. Schamanische und rituelle Musik haben eine sehr starke Kraft, die von den meisten Menschen auch in einer Konzertsituation unmittelbar wahrgenommen wird. So können sich die Zuhörer und Zuschauer einen Eindruck davon verschaffen, was in einem Ritual geschehen könnte und sich vielleicht dazu entscheiden, einmal an einem solchen teilzunehmen.

Der Ritualmeister

In den indigenen Kulturen, die über eine ungebrochene Ritual-Tradition verfügen, wird sehr genau unterschieden zwischen „kleinen Ritualen" für den persönlichen Gebrauch und den „großen Ritualen", für deren Durchführung es einen qualifizierten Ritualmeister gibt. Diese Überlieferung, in der die Autorisierung für die Durchführung eines Rituals von Generation zu Generation weitergegeben wird, haben wir schon lange nicht mehr. Deshalb muss jeder von uns sich selbst prüfen und entscheiden, wofür er oder sie sich für qualifiziert hält.

Ein großes Ritual ist tatsächlich wie eine Theaterproduktion, mit Intendant, Produzent und Regisseur, Schauspielern, Sängern, Musikern, Maskenbildnern und so weiter. Es erfordert sorgsame und langwierige Vorbereitungen und lässt sich nicht so ohne weiteres aus dem Boden stampfen. Vermutlich verfügen Sie nicht über die Geheimgesellschaften, die die Masken und die Tänze hüten, die sich um die heiligen Gegenstände kümmern, um die Gemeinschaften der Sänger und Sprecher, die die Texte und Melodien bewahren und die Musikinstrumente pflegen und bereit halten und auch nicht über die Heerscharen von freiwilligen Helfern, die die „Kulissen" aufbauen, die die Übernachtungsplätze herrichten, Verpflegung vorbereiten und so weiter und so fort.

Was ich damit sagen will: Sie als Ritualmeister hier und jetzt verfügen wahrscheinlich über alle diese Helfer und Hilfsmittel nicht. Das macht eigentlich nichts, denn die Kunst der Improvisation und der Bescheidenheit der Mittel ist ohnedies gefragt. Es ist wesentlich besser, ein kleines Ritual durchzuführen, das seine Kräfte wirklich entfaltet, als ein großes, das im Wesentlichen aus Pleiten, Pech und Pannen besteht.

Das große Problem in den nächsten Kapiteln besteht darin, dass ich nicht wissen kann, über welche Hilfsmittel Sie verfügen. Deshalb klingt manches vielleicht erst einmal ziemlich hoch angebunden, aber was sich nicht machen lässt, muss einfach ausgelassen oder eben mit einfachsten Mitteln nur angedeutet werden. Andererseits: Planen Sie langfristig! Wir sind die Ahnen der kommenden Generationen und was wir säen, können unsere Kinder und Enkel ernten.

Schamanische und rituelle Musik zum Beispiel haben zwar klare Regeln, lassen sich aber auch ohne künstlerische Fähigkeiten erlernen, machen Spaß, und auch die Instrumente (Trommeln, Rasseln, usw.) sind preisgünstig und leicht zu beschaffen.[30] Wer weiß also schon, ob Sie nicht dieses Jahr noch improvisieren müssen, nächstes Jahr aber vielleicht schon über eine mitreißende „Schamanenband" verfügen?

Sie als Ritualmeister haben nicht nur das uneingeschränkte Sagen, Sie sind auch die Quelle der Inspiration und des Wissens für Ihre Mitstreiter und außerdem der unerbittliche Antreiber, der sich immer wieder unbeliebt machen muss, damit Dinge wirklich geschehen.

Liegt Ihnen das nicht? Dann konzentrieren Sie sich in Ihrer rituellen Arbeit auf die persönlichen Rituale.

---

[30] Siehe: Axel Brück, Schamanische Ritualmusik und die Kraft der Klänge, Engerda, 2004

Die persönlichen Rituale

Das sind die „Ein-Mann-Rituale", die Sie alleine durchführen (vielleicht auch zu zweit, wenn Sie einen kongenialen Gefährten haben), die aber nicht nur für Sie selbst bestimmt sein müssen. Sie können auch anderen Menschen oder Wesen dienen oder der Welt ganz allgemein. Hier geht es nur um die Fragen: Was kann ich? Mit welcher Form kann ich umgehen? Und: Womit kann ich am besten in die Kräfte des Rituals eintreten?

Am schönsten und vielfach auch am effektivsten sind für mich die Rituale, die von einem Paar durchgeführt werden, von zwei Menschen, die sich sehr genau kennen und einander völlig vertrauen. (Ein Hinweis: Es ist immer gut, wenn in einem Ritual die weiblichen und die männlichen Kräfte vertreten sind. Doch auch wenn Ihre Zuneigung eher dem eigenen Geschlecht gilt, so wird sich im Allgemeinen auch bei einem gleichgeschlechtlichen Paar eine solche Rollenverteilung finden lassen.)

Doch auch alleine durchgeführte Rituale können eine große Kraft entfalten, wenn sie auch gewöhnlich eher kontemplativer Art sein werden. Lassen Sie sich also keinesfalls dadurch entmutigen, dass Ihnen scheinbar notwendige Ressourcen fehlen! Für jeden von uns ist der Umgang mit Ritualen ein Lernprozess, denn diese eigentlich grundlegende Kulturtechnik bekommen wir nun einmal nicht in die Wiege gelegt. Also tasten wir uns langsam an dieses Thema heran! Dazu gehört übrigens auch als wichtige Empfehlung, ein rituelles Tagebuch zu führen, in das wir eintragen, was wir getan haben, wie wir es gemacht haben und was für Resultate das Ritual erbracht hat. Damit legen wir den Grundstein für einen Erfahrungsschatz, auf den wir immer wieder zurückgreifen können.

Außerdem sollten Sie sich eine kleine Bibliothek zulegen, damit Sie einen „Steinbruch" für die Geschichten haben, die nun einmal unverzichtbar zu den Ritualen gehören. (Eine Empfehlungsliste finden Sie am Ende des Buches.)

So wird sich Eins zum Anderen fügen, bis Ihr Leben wirklich von den Ritualen durchdrungen sein wird. Und damit wird dann auch das Magische und das Göttliche in der Welt zu einer Selbstverständlichkeit werden.

Kapitel 11
Jahresfeste, Sonnenfeste, Mondfeste

In diesem Kapitel beschreibe ich den Zyklus der Jahresfeste und der mit ihnen zusammenhängenden Mondfeste und gebe Hinweise dafür, wie diese Feste rituell gestaltet werden können.

Im Einklang mit der Zeit

In die Kategorie der zeitlich geordneten Rituale gehören an erster Stelle alle Sonnen- und Mondfeste, die den Jahreslauf markieren und uns mit ihm in Einklang bringen können. Diese Feste haben bei verschiedenen Völkern (zum Beispiel bei den Germanen und den Kelten) unterschiedliche Namen und auch verschiedene Geschichten.

Weil ich nicht gleich Verwirrung stiften will, zähle ich die Feste zunächst einmal nur auf und benenne sie einigermaßen neutral, bevor wir uns genauer mit ihnen befassen:

Sonnen- und Mondfeste

- 31.10. und 1.11.: (Die Nacht zwischen diesen beiden Tagen) – Mittherbst (Samhain)
- 21.12. oder 22.12.: Winteranfang – Wintersonnenwende (Modhro-Fest)
- 3.2. oder 4.2.: Mittwinterfest (Imbolc)
- 21.3. oder 22.3.: Frühjahrsanfang – Frühjahrs-Tag-und-Nachtgleiche (Ostara-Fest)
- 30.4. und 1.5.: (Die Nacht zwischen diesen beiden Tagen) – Mittfrühlingsfest (Beltaine)
- 21.6. oder 22.6.: Sommeranfang – Sommersonnenwende (Litha-Fest)
- 3.8. oder 4.8.: Mittsommerfest (Lugnasad-Fest)
- 21.9. oder 22.9.: Herbstanfang – Herbst-Tag-und-Nachtgleiche (Mabon-Fest)

Dazu kommen alle Voll- und Neumonde.

(Die in Klammern aufgeführten Namen der Feste sind gebräuchliche Bezeichnungen, die aus dem keltisch-germanischen Kulturraum stammen. Es gibt noch viele andere Namen und welche wir bevorzugen ist eigentlich ziemlich gleichgültig, solange wir wissen, welches Fest gemeint ist. – Es sei denn, wir wollen uns selbst oder andere mit exotisch klingenden Bezeichnungen beeindrucken.)

Dazu sind einige Anmerkungen erforderlich:

Zunächst einmal verschieben sich diese Sonnenfeste astronomisch betrachtet so, dass sie nicht immer am gleichen Kalendertag stattfinden. (Daher 21. oder 22. und so weiter…)[31]

---

[31] Näheres dazu finden Sie in astronomischen Sachbüchern oder zum Beispiel in: E.C. Krupp, Hrsg., In Search of Ancient Astronomies, London, o.J., ein hochinteressantes Buch über die astronomischen Kenntnisse und Methoden alter Völker, oder in: Schäfer, Thomas, Sternenkult und Astrologie, Von den frühen Kulturen bis zum Mittelalter, Düsseldorf und Zürich, 2004

Zum Anderen haben sie in unserer Tradition unterschiedliche Bedeutungen, je nachdem, an welchem Volk man sich orientiert. Die Kelten begannen das neue Jahr zum Beispiel mit dem Mittherbst-Fest (31.10. und 1.11.), also mit der dunklen Jahreszeit, während die Germanen das Jahr mit dem Mittfrühlingsfest (30.4. und 1.5.) beginnen ließen, also mit der hellen Jahreszeit. Dazu passt, dass der Tag für die Kelten mit Sonnenuntergang, für die Germanen jedoch wie für uns mit Sonnenaufgang begann. Übrigens kannten beide Völker nur zwei Jahreszeiten, die dunkle und die helle Jahreszeit.

Sie sehen also, dass die Sache schon jetzt relativ kompliziert ist, obwohl wir noch gar nicht richtig angefangen haben. Deshalb ist es auch unmöglich zu sagen, dass wir eine alte Tradition wiederbeleben oder an ihr anknüpfen wollen. Dazu müssten wir sehr genau erklären, an welche Epoche und welches Volk, welche Kultur wir dabei denken.

Um es deutlich zu sagen: Es gibt in Bezug auf die alten Sonnen- und Mondfeste keine einheitliche Vergangenheit und Tradition, an die wir anknüpfen und außerdem wissen wir im Grunde genommen fast nichts darüber, wie und warum diese Feste gefeiert wurden.[32]

Ich halte es für ein gewaltiges Missverständnis, wenn wir auf diese Weise an das Thema herangehen. Fragen wir uns doch lieber, warum unsere Ahnen überhaupt diese Jahreszeiten oder vielmehr Jahrestage gefeiert haben! Da können wir ohne Widerspruch hervorzurufen, einfach feststellen, dass diese Tage in ihrer Abfolge – so wie sie sich zum Jahr runden und natürlich auch jedes Fest für sich – eine magische Qualität haben und auch eine jahreszeitliche, die sich in den meteorologischen Parametern äußert. Beides wirkt auf uns und unser Leben ein, beides bestimmt neben vielen anderen Dingen unseren Lebensrhythmus und beides verbindet uns mit dem Lauf und den Drehungen des Rades, in das wir von der Geburt bis zum Tod eingebunden sind.

An anderer Stelle habe ich schon einmal darauf hingewiesen, dass sich die Tage um die Sommersonnenwende herum zum Beispiel ganz anders anfühlen, als alle anderen Tage des Jahres. An diesen Qualitäten oder Empfindungen hat sich seit Jahrtausenden nichts geändert und eigentlich müssten wir uns um den 21. Juni herum nur an einem schönen Tag unter einen Baum legen, die Augen schließen und den Empfindungen und Wahrnehmungen nachspüren, die sich in uns regen, während uns die Sonne auf den Pelz scheint. Dann wissen wir Bescheid! In der Praxis allerdings lässt sich an einem faulen Nachmittag nicht so ohne weiteres nachholen, wofür unsere Ahnen sicher Jahrhunderte gebraucht haben, zumal sie sich in diesen magischen Dingen gewiss besser ausgekannt haben als wir. Die schamanische Reise (Anders-

[32] Siehe hierzu zum Beispiel: Le Roux, Françoise und Guyonvarc'h, Christian-J., Die Hohen Feste der Kelten, Engerda, 2003 (2)

weltreise) oder das schamanische und hexische Handwerk des „Wartens"[33] werden uns hier weiterhelfen.

Eine andere wunderbare Informationsquelle stellen natürlich die Geschichten dar, die mit diesen Tagen verbunden sind. Märchen- und Mythenforscher haben sich damit ausgiebig beschäftigt und in diesen Geschichten können wir tatsächlich kultur- und zeitübergreifend die wahre Kraft der Sonnen- und Mondfeste auffinden.[34]

Eine der wirklich universell verbreiteten Geschichten, die von Mythenforschern auch als die älteste Geschichte der Menschheit bezeichnet wird, ist die Geschichte von der Herrin und dem Sommerkönig, die unter verschiedenen Bezeichnungen und in unterschiedlichen Einkleidungen bei allen Völkern zumindest in Europa aufgespürt werden kann.[35]

Kurz zusammengefasst geht es dabei um Folgendes: Eine Frau als Stellvertreterin der Göttin und ein Mann als Stellvertreter des Gottes der Lust und der Fruchtbarkeit werden dazu bestimmt, diese Kräfte unter den Menschen zu repräsentieren. Diese beiden zeugen zum Ostara-Fest (also zur Frühjahrs-Tag-und-Nacht-Gleiche) in einem öffentlichen Ritual ein Kind, das Kind der Götter, das zum Modhro-Fest, also zum 21.-22.12. zur Welt kommt. (Bei einer durchschnittlichen Schwangerschaftsdauer von 267 Tagen kann das ziemlich genau hinkommen.) Der Mann, der Sommerkönig, wird zum Mabon-Fest, also zum 21.-22. September rituell getötet. – Daher kommt der Name Sommerkönig: Seine „Regierungszeit" von seiner Bestimmung bis zu seinem Tod währt nur ein halbes Jahr, den Sommer über. Im folgenden Jahr wird ein neuer Sommerkönig bestimmt, während die Herrin bleibt, solange sie fruchtbar ist und Kinder empfangen und gebären kann.

Da unsere Vorfahren ein völlig anderes Abhängigkeitsverhältnis von den Jahreszeiten und der Fruchtbarkeit von Tier und Feld hatten als wir, braucht es uns nicht zu wundern, dass die Jahresfeste um genau diesen Aspekt kreisten, den der Lust und der aus ihr entstehenden Fruchtbarkeit. Dazu sollte man auch wissen, dass ihr Verhältnis zur Sexualität und ihre Moralvorstellungen sich von den unseren außerordentlich unterschieden: Lust und Sexualität waren Verehrung der Götter und Dienst an ihnen und keinesfalls moralisch bedenkliche Triebe oder Verhaltensweisen.[36]

---

[33] Beides beschrieben in meinem Roman: Die Herrin und der Sommerkönig, Engerda, 2006

[34] Darüber gibt es zahllose Veröffentlichungen. Ich nenne hier stellvertretend nur:

Koneckis, Ralf, Mythen und Märchen, Was uns die Sterne darüber verraten, Stuttgart, 1994,

Bittlinger, Arnold, Das Geheimnis der christlichen Feste, München, 1995 und:

Golowin, Sergius, Drache, Einhorn, Osterhase, Basel, 1994

[35] J.G. Frazer, The Golden Bough, A Study in Magic and Religion, London, 1978 (9). Dieses 1000-seitige Taschenbuch ist die Zusammenfassung eines zwölf-bändigen Werks mit dem gleichen Titel.

Um die Geschichte nicht ausufern zu lassen, möchte ich hier einfach feststellen, dass die Jahresfeste und die mit ihnen verbundenen Kräfte zwei Zyklen zusammenschlossen, die jedoch beide das Grundthema der Lust und der Fruchtbarkeit vereinte.

Das Ostara-Fest, die Frühjahrs-Tag-und-Nacht-Gleiche, ist das Fest der Zeugung, so wie ich es oben beschrieben habe. In manchen Kulturen wurde es in grauer Vorzeit wohl dadurch gefeiert, dass Priesterin und Priester in den Furchen eines frisch gepflügten Feldes den Geschlechtsakt vollzogen, um nach dem Prinzip „Gleiches zu Gleichem" die Fruchtbarkeit der Felder hervorzurufen und sich mit den Göttern zu verbinden. Manche vor allem christlich geprägte Ethno-Historiker widersprechen zwar vehement, aber es scheint einen Konsens darüber zu geben, dass dieses Fest wie wohl auch die Mehrheit der anderen Fest in einer öffentlichen Orgie gipfelte.

Das Beltaine-Fest, das Mittfrühlingsfest, feierte die Fruchtbarkeit der Welt, die nun bereits offenbar war und die Lust, aus der die Fruchtbarkeit entstand. – Betrachten Sie in diesem Zusammenhang einmal die zum Teil recht derben Bräuche, die mit dem Maibaum verbunden sind – beginnend mit seiner symbolhaft mehr als offensichtlichen Form des Phallus, der auf seiner Spitze gewöhnlich einen vaginalen Kranz oder Ring trägt und die Bedeutsamkeit der Büsche oder des nahegelegenen Waldes, in denen zumindest in rustikalen Gegenden die Burschen und Mädels auch heute noch verschwinden, um eindeutigen Vergnügungen nachzugehen!

Das Litha-Fest, die Sommersonnenwende, ist ein Fest des Lichts der Sonne. Ob die Kelten dieses Fest überhaupt gefeiert haben, wissen wir übrigens nicht, zumal die eigentlichen Sonnenfeste (Sonnenwenden und Tag-und-Nachtgleichen) für die Kelten nur weniger wichtige Nebenfeste gewesen sind. Vielleicht feiern wir aber auch nur, dass die Zeit langsamer läuft, die Sonne „faul" wird und die Menge der Arbeit des Bestellens der Felder allmählich abnimmt und sich die Zeit der Ernte nähert. Vielleicht feiern wir aber auch die Schwangerschaft der Herrin, die inzwischen allmählich sichtbar wird und den Höhepunkt der Zeit des Sommerkönigs, der durch das Land zieht, sein Vorrecht, jede Frau schwängern zu dürfen, ausübt und so die Kunde von den Göttern und von Lust und Fruchtbarkeit auf eine sehr handfeste Weise zu den Menschen trägt.

---

[36] Siehe hierzu das Grundlagenwerk von Schubart, Walter, Religion und Eros, München, 1966 (3). Hier geht es um Fakten, die so eklatant unserer verklemmten christlichen Moralvorstellung widersprechen, dass sie von der „offziellen" Lehre totgeschwiegen werden. Obwohl dieses Werk nach seinem Erscheinen auf große Zustimmung in Fachkreisen stieß, ist es heute so gut wie vergraben und vergessen. Doch wer wissen will, wie unsere Vorfahren in diesen Dingen dachten und empfanden, muss es einfach gelesen haben.

Das Lugnasad-Fest, das Mittsommerfest, ist das Fest des Feuers. Manche verbinden es mit dem alten Gott Lug, der unter anderem die Kräfte des Feuers in sich birgt. Wir nähern uns allmählich den „Hundstagen", den oft heißesten und trockensten Tagen des Jahres, die sicher oft mit dem Gedanken an das Vertrocknen der Ernte und das Verdursten des Viehs einhergingen. Die Sonne, die mit ihrem Licht und ihrer Wärme Wachstum und Gedeihen von Feld und Vieh überhaupt erst möglich macht, die das Leben gibt, zeigt sich hier von ihrer anderen Seite, der zerstörerischen, die Leben genauso schnell nehmen kann, wie sie es gibt.

Das Mabon-Fest ist das Fest des Sohnes (des Kindes der Götter, das zum Ostara-Fest gezeugt wurde) und zugleich das Fest des Sommerkönigs, der jetzt getötet wird, um dem neuen Leben Platz zu machen. – Übrigens darf man diese Tötung nicht sinnbildlich nehmen. Sie fand tatsächlich statt und endete mit einer handfesten Leiche. Alles Andere ist der Versuch einer Beschönigung durch Leute, die die tiefere Bedeutung dieses Menschenopfers für unsere Ahnen nicht verstanden haben! Es dürfte ohne weiteres einleuchten, dass dieses Fest deshalb auch die zusätzliche Bedeutung eines Dankfestes hatte, die noch in unsere heutigen Erntedankfeste ausstrahlt.

Das Modhro-Fest (Modhro = Mutter), die Wintersonnenwende, ist das Fest der Geburt des Kindes der Götter. So zeigt sich mit dem eigentlichen Winterbeginn zugleich das Licht und die Verheißung des neuen Lebens. Wundert es da, dass die christlichen Theoretiker das Geburtsfest ihres Gottes auf dieses Ereignis legten, um seinen Glanz von den „heidnischen" Göttern weg auf ihren Glauben zu lenken?

Das Imbolc-Fest hat mehrere Aspekte. Das Wort Imbolc wird mit „Mutterschaf-Milch" in Verbindung gebracht und steht damit auch in unserem Zyklus, symbolisiert die nährende Mutter und ihr Kind der Götter. Zugleich ist es das Mittwinterfest. Jetzt lässt sich abschätzen, ob die Vorräte reichen, um Mensch und Tier über den Rest des Winters zu bringen und jetzt ist die Zeit, mit den Vorbereitungen für das neue Vegetationsjahr zu beginnen. – Und mit dem nächsten Ostara-Fest beginnt der Kreislauf wieder von vorne.

Mir ist natürlich völlig klar, dass diese Darstellung der Jahresfeste sehr rudimentär und vor allem nicht so blumig und geheimnisvoll ist wie viele andere, die sie in etlichen Büchern finden können. Ausführlich, geheimnisvoll und von mir aus auch blumig finden Sie diese Geschichte in meinem bereits mehrfach zitierten Roman „Die Herrin und der Sommerkönig" beschrieben, aber eben tatsächlich als Geschichte, die die „dichterische Freiheit" für sich reklamiert. Wenn Sie die Jahresfeste feiern wollen, dann schauen Sie sich nach dieser oder anderen Geschichten um, die sich an vielen Stellen finden lassen – und vor allem: Gehen Sie hinaus in die Welt und spüren Sie selbst der Magie der sich wandelnden Zeit nach, denn was wollen Sie feiern, wenn Sie diese Magie nicht in sich spüren?

Die Geschichten in den Jahresfesten

Sie sehen also, dass in den Jahresfesten eigentlich alle Themen der menschlichen Existenz und ihrer Einbindung in die Welt enthalten sind: Wir werden geboren, leben und sterben, die Natur blüht auf, kommt zur Reife und zieht sich wieder zur Ruhe zurück, aus der sie wieder aufblüht... Wachstum, Lebendigkeit und Fruchtbarkeit sind untrennbar verknüpft mit Ruhe, Absterben und Tod. Wir können nicht säen, wenn wir vorher nicht geerntet und die Felder frei gemacht haben.

Alles folgt seinem Lauf und wir Menschen befinden uns mitten in ihm. Das ist die eigentliche Geschichte, die in den Jahresfesten steckt. Und dieser Lauf der Welt folgt nicht nur seinen eigenen Gesetzen, sondern wird auch bestimmt durch die Gemeinschaft aller Wesen in ihr, von den Menschen bis zu den Göttern. Deshalb sind diese Feste auch Feste der Götter und der Verbindung zwischen ihnen und den Menschen.

In diesen Themen stecken unendlich viele Geschichten, so dass wir uns eigentlich nur entscheiden müssen, welche davon wir in unseren Ritualen lebendig werden lassen wollen.

Eine Geschichte von Sonne und Mond gehört eigentlich immer dazu. Wenn Sie genug Teilnehmer haben, bietet sich dazu als einfachste Möglichkeit der Realisierung ein Rundtanz an: Frauen und Männer getrennt in zwei gegenläufigen Kreisen. Falls Sie eine Tänzerin mit Sonnenmaske und einen Tänzer mit Mondmaske mobilisieren können, dann haben Sie bereits alles, was Sie für diese Geschichte brauchen. Die Sonne führt dabei natürlich den gleichmäßigen Kreis der Frauen an, während der wilde Jäger Mond sozusagen gegen den Strich tanzt, mal hier, mal da auftauchend. Dazu kommt der gleichmäßige Klang der Trommeln als Klang der Sonne. Es heißt übrigens nicht zufällig *die* Trommel! Die Trommel ist schon von ihrer Gestalt her ein weibliches Instrument (wie auch der Maikranz sich als weibliches Element um die Spitze des phallischen Maibaums windet) und die Musikhistoriker sagen, dass das Spielen der Trommel früher einmal den Frauen vorbehalten war. Und komplementär dazu fügen wir den unregelmäßigen Klang der phallisch geformten Blasinstrumente wie Dord oder Didgeridoo hinzu, als Klang des männlichen Mondes – und schon haben wir eine veritable „Oper", die diese Kräfte des Jahresfestes lebendig und wirksam werden lässt.

Eine weitere Geschichte, die zu jedem Jahresfest gehört ist die Geschichte des Werdens und des Vergehens. Jedes Jahresfest markiert seinen eigenen Punkt auf dem Rad der ewigen Wiederkehr und ruft uns damit aber auch das gesamte Rad in Erinnerung. Wichtig ist dabei, dass wir uns daran erinnern, dass im Zyklus der Jahresfeste zwei Kreise übereinandergelegt werden: Unser menschliches Leben ist darin enthalten von der Zeugung (Ostara-Fest) bis zu einem Zeitpunkt einige Wochen nach der Geburt (Imbolc). An dieser Stelle werden wir sozusagen aus dem Rad entlassen, um für die Dauer unseres Lebens eine bestimmte Anzahl Umdrehungen mit zu rollen, bis wir mit unserem Tod wieder in den Kreislauf zurückkehren. (Übrigens glaubten die Menschen in den Traditionen vieler Völker wie auch in unserer eigenen Vergangenheit früher einmal, dass das menschliche Leben erst zu einem bestimmten Zeitpunkt nach der Geburt, meist war es ein Zeitraum von circa sechs Wochen, beginnt.) Der zweite Kreis ist das Rad der Jahreszeiten, die nahtlos in ewiger Wiederkehr ineinander übergehen. Daraus können wir lernen, dass die Welt sich in einem ewigen Kreislauf des Werdens und Vergehens bewegt, in den wir auf eine bestimmte Weise eingeflochten werden, einerseits untrennbarer Teil davon, andererseits in die Freiheit unserer Lebendigkeit entlassen, bis wir wieder Eins werden. Das ist eine sehr wichtige Geschichte, in meinen Augen sogar zumindest für uns Heutige die wichtigste Geschichte in den Jahresfesten, die wir auf sehr unterschiedliche Weise in unserem Ritual lebendig werden lassen können. Die Geschichte der Herrin und des Sommerkönigs eignet sich dafür ganz besonders.[37] Es stellt sich eigentlich nur die Frage der Umsetzung: Wollen wir eine erzählte Geschichte oder wollen wir sie in Form eines „Schauspiels" aufführen, oder haben wir vielleicht Bilder, bemalte Laternen oder andere bildhafte Darstellungen, durch die wir ihre Kraft in unser Ritual einbinden?

Wie immer gilt hier: Wenig ist besser als nichts und wenn wir ein Ritual mit zwei oder drei Freunden durchführen, dann werden wir viele Dinge nicht tun können. Das sollte uns aber nicht davon abhalten, zu realisieren, was uns möglich ist und in jedem Fall dürfen wir uns darauf besinnen, dass jedes Ritual und die Jahresfeste in allererster Linie ein Anlass zu Feier und Fröhlichkeit waren. Es wurde gegessen, getrunken, getanzt und mehr – und das können wir auch im kleinsten Kreis zu unserer Zufriedenheit realisieren.

---

[37] Es ist mir wirklich inzwischen schon peinlich, aber ich muss nochmals auf meinen Roman „Die Herrin und der Sommerkönig" verweisen, in dem diese Geschichte nicht nur ausführlich erzählt wird. Genau beschriebene Rituale, in denen die Geschichte sich selbst spiegelt, sind ein wesentlicher Teil der Erzählung.

Kapitel 12
Einweihungsfeste: Haus und Hof, „heilige" Orte, Kraftorte

Die Orte, an denen wir uns aufhalten und die uns wichtig sind, sollten wir rituell besonders betreuen. Sie werden es uns durch eine besondere Kraft danken.

Im Einklang mit dem Raum

Über Kraftorte und ihre Eignung als Ritualplätze haben wir bereits ausführlich gesprochen. Es bleiben hier nur einige Dinge nachzutragen, die mit den Geschichten der Orte zu tun haben. In gewisser Weise kann man sagen, dass die Geschichten die Kraft der Orte speichern oder zumindest für uns aufschließen und nutzbar machen können.

Deshalb sollten Sie nie einen Ort für ein Ritual nutzen, dessen Geschichten Sie nicht kennen. Halten Sie sich lieber an Ihren eigenen Balkon oder Garten als an einen Ort, dessen Geschichten und damit auch dessen Kräfte Ihnen nicht bekannt sind! Wenn Sie in den einschlägigen Reiseführern nicht fündig werden[38], dann halten Sie sich an die Sammlungen von Sagen und Märchen, von denen es neben den überregionalen zahllose ortsgebundene gibt (in Thüringen zum Beispiel die großen Sammlungen von Bechstein und Wucke und außerdem viele kleinere Ausgaben von Heimatvereinen und anderen Institutionen).

Wenn Sie sich mit den Geschichten der Orte beschäftigen und dann „vor Ort" den Kräften nachspüren, die vielleicht noch, wahrscheinlich aber eher nicht mehr wirklich vorhanden sind, dann werden Sie oft genug feststellen, dass viele Orte geradezu danach schreien, beachtet und gepflegt zu werden. In solchen Fällen wird die Kraft des Ortes das eigentliche Ziel des Rituals. Es gibt einige Leute wie zum Beispiel Marko Pogacnik, die es sich zur Aufgabe gemacht haben, durch die Welt zu reisen, um „Erdheilung" ritueller Art zu vollziehen. Auch wenn dies vielleicht nicht unbedingt Ihr Ziel ist, so können Sie doch in Ihrer unmittelbaren Umgebung durch die Beachtung und Pflege solcher Orte viel zu der „magischen" Qualität Ihrer Heimat beitragen.

Die Einweihung eines Hauses

Für unsere Vorfahren war es selbstverständlich, dass ein neu errichtetes oder neu bezogenes Haus ebenso wie Arbeitsgebäude, Brunnen und was es auch immer für Bauwerke gab, nach der Fertigstellung oder in jedem Fall vor dem Beziehen, durch ein entsprechendes Ritual eingeweiht wurden. Davon ist heute eigentlich nur das Richtfest übrig geblieben, das von keinem Bauherrn vergessen wird und bei öffentlichen Gebäuden die Grundsteinlegung.

Im Grunde genommen gibt es bei einem Gebäude drei Zeitpunkte, die mit einem Ritual markiert werden sollten. Es sind dies die Grundsteinlegung oder der Baubeginn, das Richtfest und die vollständige Fertigstellung unmittelbar bevor wir einzie-

---

[38] Graichen, Gisela, Das Kultplatzbuch, oder: Zerling, Clemens, Götter-, Götzen- und Gralstempel, Aarau, 2001, oder: Die schwarzen Reiseführer Deutschland und so weiter....

hen oder das Gebäude in Benutzung nehmen. Schauen wir uns diese drei Anlässe in dieser Reihenfolge einmal genauer an und fragen wir uns, an welche Geschichten sie anknüpfen, denn die Geschichten geben uns wie immer Auskunft darüber, wie wir das Ritual gestalten können:

Grundsteinlegung: Die Grundsteinlegung vereint gewöhnlich zwei Elemente: Auf der einen Seite ist sie ein Ende (der Vorbereitungsarbeiten), auf der anderen Seite zugleich ein Anfang (der Bauarbeiten, aber auch des Lebensabschnitts mit eigenem Heim). Zugleich ist die Grundsteinlegung der Beginn eines Lebensabschnitts der Sesshaftigkeit, denn wer ein Haus baut, möchte gewöhnlich auch selbst und mit seiner Familie in diesem Haus bleiben – meist bis an das Lebensende, wenn es sich denn einrichten lässt. So gesehen markiert die Grundsteinlegung nicht nur den Beginn des Hausbaus, sondern auch eine wesentliche Wende in unserem Leben, die von vielen Wünschen und Hoffnungen begleitet wird.

Zur Grundsteinlegung sind alle Beschlüsse gefasst und die Weichen gestellt. Das muss also nicht mehr Gegenstand des Rituals sein – außer natürlich als Dank an die Welt, die Kräfte in ihr und alle, die bis hierhin mitgeholfen haben. Allerdings knüpfen sich so viele Wünsche an dieses Ereignis, dass zumindest einige davon in Form eines Bittrituals Eingang in unsere Arbeit finden sollten:

An dieser Stelle wollen wir ein Zuhause entstehen lassen, eine Heimat für uns und unsere Familie und vielleicht auch für die folgenden Generationen. Deshalb ist es gut und wichtig, uns den Kräften und Wesen der Welt in unserer zukünftigen Nachbarschaft bekannt zu machen und sie um wohlwollende Aufnahme an diesem Ort zu bitten. Wenn es der Platz erlaubt, sollten wir bereits zu diesem Zeitpunkt einen Baum pflanzen (am besten einen Holunder) um zu zeigen, dass wir nicht nur einen Platz für uns beanspruchen, sondern dass wir auch bereit sind, uns um den Zustand dieses Teils der Welt zu kümmern und mit den anderen Kräften und Wesen des Ortes (zu denen, das sollten wir nicht vergessen, auch die menschlichen Nachbarn gehören) Verantwortung für ihn zu übernehmen.

Außerdem ist der Bau eines Hauses, wie jeder, der schon einmal Bauherr war, sehr genau weiß, eine schwierige und umfangreiche Aufgabe, bei der so manches schief gehen kann. Also sollten wir uns in einem weiteren Bittritual wiederum an die Kräfte der Welt und auch an die Götter wenden, um ihr Wohlwollen für dieses Unternehmen zu erbitten. Das war der Augenblick, in dem früher lebende Jungfrauen, schwarze Katzen oder andere Blutopfer an passender Stelle eingemauert wurden[39]. Auch wenn wir diesen Bräuchen glücklicherweise nicht mehr folgen, so wäre ein rituelles Opfer durchaus angemessen, um unsere Bitte deutlich zu stützen. Doch

[39] Siehe: Hans Bächtold-Stäubli und Eduard Hoffmann-Krayer, Handwörterbuch des deutschen Aberglaubens, Berlin, 1986 (photomech. Nachdruck), Band 3, Seite 1559

was ist ein passendes und angemessenes Opfer, wenn gerade keine Katze oder Ähnliches zur Hand ist? Jeder Bauherr sollte sich darüber selbst Gedanken machen, aber meine Empfehlung wäre in jedem Fall, einen Stein oder etwas Ähnliches zu besorgen und den Kräften der Welt zu geloben, dass dieser Stein nach der Fertigstellung des Hauses eine Stelle im Garten markieren wird, an der wir einen Kraftort, einen Einladungsplatz für die Kleinen Leute oder auch eine Art „Andachtsstelle" für die Götter entstehen lassen wollen. Wenn wir ein solches Versprechen abgeben, sollten wir uns unbedingt auch daran halten, denn ein nicht eingelöstes Opfer kann durchaus schwerwiegende Folgen haben. Eigentlich sollte klar sein, wie wichtig diese Einbindung in den Ort für uns ist: Wenn wir irgendwo auftauchen wie die Eroberer, uns breitmachen und ohne Rücksicht auf die schon vorhandenen Kräfte bauen, wie sollen wir auf diese Weise ein wirkliches Zuhause finden, eine Heimat, einen Platz in der Welt, an den wir gehören und von dem wir angenommen werden?

Unser Ritual der Grundsteinlegung wird also im Wesentlichen aus einem Dank- und zwei Bittritualen bestehen. Es wäre allerdings durchaus auch angemessen, den Ort an dem das Haus errichtet wird, genauso zu reinigen und abzugrenzen wie einen Platz, an dem wir ein Ritual feiern wollen. Damit tun wir kund, dass wir diesen Platz für uns beanspruchen und fordern alle Kräfte und Wesen auf, ihn uns zu überlassen, solange das Haus stehen wird. Das ist übrigens weder unbillig noch unverschämt, denn alle Wesen in der Welt richten sich auf diese Weise ein und nur wer mehr nimmt als er wirklich braucht, ist unverschämt und muss mit entsprechenden Reaktionen rechnen.

Richtfest: Das Richtfest wird heute noch von den Zimmerleuten ausgerichtet und wir sollten es ihnen auch überlassen (und nur Speis und Trank für die Feier bereit stellen). Wenn unser Haus ein Fertighaus ist, dann sind wahrscheinlich keine Zimmerleute am Aufbauen beteiligt. Dann müssen wir selbst sehen, dass das entsprechende Ritual stattfindet. Dazu brauchen wir den Richtbaum oder Richtemai, der dem Haus Glück und Wohlstand bringt, den Richtspruch, auch Baupredigt genannt, und die Bewirtung der Gäste und Bauleute, die nicht nur einfach dazu gehört, sondern Wohlstand und Überfluss sichern soll. Dies sind die traditionellen Elemente, denen wir natürlich noch eigene rituelle Elemente hinzufügen können. Insbesondere gehört es noch zur Tradition, beim Richtfest den Haussegen anzubringen, ein spezielles Amulett oder ein Talisman für das Haus selbst. Dieser Haussegen wird gewöhnlich versteckt im Dachstuhl angebracht oder deponiert und verschwindet dann unter der Verkleidung oder anderen baulichen Elementen.

Fertigstellung und Einzug: Während das Richtfest dem Haus und seinem zukünftigen Schicksal gewidmet wird, dient das Ritual zum Einzug den Bewohnern. Die rituellen Elemente des Einzugsfestes sollen sicherstellen oder zumindest dazu beitragen, dass die zukünftigen Bewohner gesund und zufrieden und ohne Mangel zu leiden, in ihrem neuen Heim leben können. Brot und Salz werden dazu über die Schwelle getragen, damit es am Wichtigsten niemals fehlt und ein Festmahl wird veranstaltet, zu dem Familie, Freunde und die neuen Nachbarn eingeladen werden. Selbst wenn Sie in einem Neubaugebiet einziehen, das garantiert frei von Hausgeistern, Kleinen Leuten und Ortswesen ist, sollten Sie niemals vergessen, auch diese zu Ihrem Fest einzuladen. Wer weiß? Wenn Sie Haus und Garten freundlich und einladend gestalten, könnte es im Laufe der Zeit schon jemandem gefallen, sich bei Ihnen anzusiedeln.

Wesentlicher Bestandteil des Rituals ist die „Weiherede" oder „Weihepredigt" des Brauchtums, nach unserem Verständnis ein Dank- und Bittritual für das Wohlergehen aller Beteiligten, das Haus eingeschlossen. Wenn wir bei der Grundsteinlegung noch keinen Baum pflanzen konnten, dann sollten wir bei dieser Gelegenheit unbedingt einen Holunder setzen. Wenn wir dies bereits getan haben und noch genügend Platz vorhanden ist, wäre ein Obstbaum oder zumindest ein Beerenstrauch jetzt angemessen. (An dieser Stelle möchte ich, auch wenn es nicht unbedingt zum Thema gehört, ein Plädoyer für unsere einheimischen Bäume, Sträucher und Kräuter halten. Nicht nur die Tiere werden es Ihnen danken, wenn Sie auf Exoten weitgehend verzichten! Eine Ansiedlung andersweltlicher Wesen kann nur geschehen, wenn Sie eine heimische, erdverbundene Umgebung schaffen. Sowenig wie Vögel in einer Thuja-Hecke nisten, so werden sich diese Wesen nicht in einem Garten voll „fremder" Vegetation wohl fühlen.)

Die Geschichte des Einzugs ist eine Geschichte des endgültigen Ankommens und des zuhause Seins. Dies sollten wir in unserem Ritual zum Ausdruck bringen, indem wir die Kräfte des Jahresrades und des Ortes mobilisieren. Da ein Einzug gewöhnlich nicht unbedingt zu einem Jahresfest geschieht, können wir uns dafür nur an der Qualität der Zeit orientieren, die meist dem nächstgelegenen Jahresfest entspricht. Alles Nötige dazu finden Sie im voraufgegangenen Kapitel.

Wenn die Hausbesitzer entsprechende Wünsche haben, dann sollte bei dieser Gelegenheit auch der Hausaltar oder zumindest sein zukünftiger Ort im Haus eingeweiht werden. Wer um die Götter weiß, wird es sich nicht entgehen lassen, auf diese Weise um ihr Wohlgefallen zu bitten.

„Heilige" Orte und Kraftorte

Ein „von selbst", aus der Natur heraus entstandener Kraftort übt auf uns Menschen eine „magische Anziehungskraft" aus. (Hier verwendet sogar der allgemeine Sprachgebrauch dieses Wort „magisch"!) Wir spüren seine Kräfte und wollen an ihnen teilhaben, weil sie uns gut tun und uns unsere Verbundenheit mit der Welt spüren lassen. Allerdings sind wir nicht ausschließlich auf solche natürlichen Orte angewiesen, denn es gibt auch von Menschen geschaffene Kraftorte, zum Teil in Verbindung mit natürlichen Kraftorten, zum Teil aber auch aus dem „magischen Nichts" geschaffen. Ohne wirklich einmal gezählt zu haben, so glaube ich aus meiner Erfahrung heraus, dass beide Arten ungefähr gleich häufig sein dürften.

Wie dem auch sei, es ist in jedem Fall möglich, solche Orte zu schaffen. Hauptsächlich braucht es dazu Geduld und das Bewusstsein, dass wir nicht nur für uns arbeiten, sondern auch für folgende Generationen. Wenn wir einen Kraftort schaffen wollen, so können wir uns einen geeigneten Platz (also einen Platz, der von den Kräften her zumindest neutral sein sollte) in der Natur, aber auch in unserem Garten aussuchen. Bereiten wir ihn liebevoll vor: Im Garten pflanzen wir, sofern noch nicht vorhanden, einen Strauch oder Baum, am besten einen Holunder. In Natur und Garten sollte ein nicht zu kleiner Stein die Stelle markieren. Für den Garten werden wir uns einen entsprechenden Stein wahrscheinlich besorgen müssen. Fragen Sie ihn, ob er mitkommen und die ihm zugedachte Aufgabe erfüllen möchte, so wie sie auch die Kräuter fragen, bevor Sie sie ernten. Etwas Wasser wäre auch nicht schlecht. Es muss nicht unbedingt eine Quelle oder ein Brunnen sein, eine Vogeltrinkschale genügt für diesen Zweck völlig. Damit haben wir das traditionelle Ambiente von Quelle, Stein und Baum zumindest symbolisch und stellvertretend zusammen.

Diesen Ort sollten wir in Zukunft für unsere schlichten Gaben an die Kleinen Leute benutzen, ebenso als Ort der Besinnung, vielleicht des Gebets, wenn das zu unseren Gewohnheiten gehört und auch als Ritualplatz für alle kleinen Rituale, die wir an diesem Ort durchführen können. Als erstes gehört dazu natürlich das Einweihungsritual, das wir in Form eines Dank- und Bittopfers vollziehen. Spätere Dank- und Bittrituale können wir mit diesem Ort verbinden, indem wir schmale Stoffstreifen in die Äste unseres Holunders binden. (Nicht zu viele bitte, der Holunder soll ja nicht zum Wäscheständer mutieren, sondern sich in seiner Lebendigkeit frei entfalten können!) Der Stein dient uns als „Altar" und kann mit Ocker geschmückt und mit Trankopfern geehrt werden.

Wenn Ihnen Ihr Kraftort wirklich am Herzen liegt und wenn Sie ihn regelmäßig pflegen, dann werden Sie erstaunlich schnell erleben, wie sich in diesem Eckchen Welt die magischen und die göttlichen Kräfte sammeln. Natürlich kann es lange dauern, bis aus einem nahezu beliebigen Ort ein „richtiger" Kraftort geworden ist, aber die Verwandlung beginnt sofort und schreitet kontinuierlich voran.

Dies geschieht vor Allem dann, wenn wir nicht egoman sind, sondern alle einladen, diesen Ort auch für sich zu nutzen. Damit meine ich nicht unbedingt den Postboten, der vielleicht nur ein Örtchen sucht, an dem er sich mal ungesehen erleichtern kann, sondern eher gleichgesinnte Freunde und Familienmitglieder, aber auch die Tiere und andere Wesen der Natur und insbesondere die Kleinen Leute und andere Andersweltwesen. Immerhin ist der Holunder der Zugang zur Anderswelt und öffnet das Tor in das Reich von Frau Holle, der Mutter Erde und zugleich Göttin der Lust und der Fruchtbarkeit.

Kapitel 13
Feste zu Schwangerschaft und Geburt

Dieses Kapitel beschreibt eine Serie von Ritualen, die die Entstehung des neuen Lebens von Zeugung und Empfängnis über die Schwangerschaft bis hin zur Geburt und zum Ritual der Namensgebung begleiten.

Das Material für dieses Kapitel verdanke ich überwiegend einem noch unveröffentlichten Manuskript von Janine Jabs[40] und etlichen Gesprächen mit der Autorin. Ich bedanke mich für die freundliche Genehmigung, mich daraus bedienen zu dürfen.

Früher einmal waren die Priesterinnen dafür zuständig, die Götter und die Kräfte der Welt anzurufen und um ihr Wohlwollen und ihre Unterstützung zu bitten, um auf diese Weise Zeugung, Schwangerschaft und Geburt zu begleiten. Später wurden diese Aufgaben von Hexen und anderen weisen Frauen übernommen, bis auch diese noch später von den Ärzten und anderen (männlichen) Ausübenden der Heilkunde abgelöst oder eher gewaltsam verdrängt wurden.

Mit dieser Entwicklung ging nicht nur sehr viel heilkundliches Erfahrungswissen verloren, sondern auch die Einsicht, dass diese Teile des Lebens eine wesentliche prägende und transformative Kraft in sich enthalten, die gelebt werden muss, damit die Dinge ihren ordnungsgemäßen Lauf nehmen können. Wir können diesen Kräften nachspüren und sie in einer Reihe von Ritualen wieder für uns lebendig und nutzbar machen.

Zeugung – Empfängnis

Aus der Kraft der Lust und der Sexualität als Teil der Lust entsteht die Vereinigung und aus dieser wiederum Zeugung und Empfängnis als mehr oder weniger erwartete oder erwünschte Folge. Viele Paare lassen die Dinge jedoch nicht nur geschehen, sondern planen sie und versuchen bewusst, ein Wunschkind in die Welt zu setzen. Dazu gehört im alltagsweltlichen Sinn naturgemäß die Berücksichtigung der biologischen Bedingtheiten (Auswahl der fruchtbaren Tage usw.), es sollten aber eigentlich auch die magischen und die göttlichen Ebenen berücksichtigt werden. Die willentliche Entscheidung für ein Kind gehört mit zu den wichtigsten Ereignissen im Leben einer Frau und eines Mannes und sollte deshalb gebührend beachtet und gefeiert werden.

Was ist die Geschichte der willentlichen Zeugung und Empfängnis eines Kindes? Zunächst finden sich zwei Menschen zusammen, um die Ahnenlinien ihrer beider Familien zu vereinen. In heutigen Worten würden wir davon sprechen, dass auf dem Wege der genetischen Vererbung zwei Genpoole, also eigentlich zwei Potentiale der Verwirklichung des Menschseins aufeinander treffen, um in ihrer Vereinigung die Karten sozusagen neu zu mischen, in der Hoffnung der Beteiligten, dass das Ergebnis das Besondere dieser einmaligen Partnerschaft widerspiegelt und es als neuen Menschen in die Welt setzt. Der andere, ebenso wichtige Teil der Geschichte ist, dass wir im Akt der Zeugung und Empfängnis ein Gefäß bereiten für eine Selbstseele, die dar-

[40] Janine Jabs recherchiert seit ca. 3 Jahren zu diesem Thema und hat hierfür bisher ca. 150 Fachtitel ausgewertet.

auf wartet, in einem kongenialen Ort reinkarniert zu werden.[41] Das heißt nichts Anderes, als dass wir durch unser Kind, unseren Nachwuchs auch die Linie des Magischen und des Göttlichen in der Welt fortsetzen.

Auch wenn uns diese Aspekte nicht bewusst sind und wir vielleicht gar nicht darüber nachdenken, warum wir ein Kind „haben wollen", so wirken diese Kräfte doch in uns und in der Welt und wir sollten Sie uns durch entsprechende Rituale nicht nur bewusst machen, sondern auch für uns nutzen.

Dazu gehören zwei Dinge: Erstens ist es wichtig, dass das Paar seine Beziehung reinigt und klärt, so dass Emotionen wie Wut und Trauer, Schmerz und Verletztheit aufgelöst werden, damit eine wirkliche Versöhnung und die Annahme des Anderen in all seiner inneren und äußeren Schönheit und ebenso seiner Fehlerhaftigkeit geschehen kann. Zweitens ist es wichtig, dass Mann und Frau jenseits der Verbrüderung der Geschlechter oder auch des Geschlechterkampfes sich über ihre einmalige und besondere Weiblichkeit und Männlichkeit bewusst werden.

Dazu möchte ich eine grundsätzliche Anmerkung machen: Männer sind Frauen in vielen Dingen überlegen und in manchen Dingen unterlegen. Frauen sind Männern in vielen Dingen überlegen und in manchen Dingen unterlegen. (Wenn man denn mit Gewalt hier in Begriffen der kriegerischen Auseinandersetzung reden will!) Natürlich sind sie gleich wichtig, gleich berechtigt und so weiter – oder sollten es zumindest sein, aber sie sind nun einmal nicht gleich, was zumindest jedem auffallen dürfte, der sich mit dem Gedanken trägt, ein Kind in die Welt zu setzen. Worum es hier tatsächlich geht ist die Tatsache, dass sich die Schwächen und Stärken der beiden Geschlechter gegeneinander aufwiegen und perfekt zu einer wunderbaren Einheit ergänzen, oder wenigstens ergänzen könnten, wenn es nicht dieses fehlgeleitete Verlangen nach Gleichheit (was nichts mit gleich wichtig und gleich gewichtig zu tun hat!) gäbe und die Versuche, dem anderen Geschlecht die eigenen Kompetenzgebiete streitig zu machen.

Diese Gedanken gehören deshalb hierher, weil wir in diesem Themenbereich nur dann wirkliche Klarheit und wirkliche Kraft erlangen können, wenn wir nicht nur in unserer Beziehung zum Partner auf persönlicher Ebene Klarheit erlangen, sondern auch in diesen Fragen. Das soll natürlich keinesfalls heißen, dass die Frau an den Herd gehört und der Mann in die Welt gehen muss, um die Dollars zu erlegen. Vielmehr heißt es erst einmal nur, dass in diesem Teil unseres Lebens, von Zeugung und Empfängnis über Schwangerschaft und Geburt bis hin zur späteren Kindererziehung klar verteilte weibliche und männliche Kompetenzen existieren, die auf der magischen und der göttlichen Ebene vielleicht deutlicher zutage treten als in unserem alltäglichen Leben.

---

[41] Ausführliche Erläuterungen dazu finden Sie in: Axel Brück, Seele, Selbst & Karma – Das schamanische Bild vom Menschen, Engerda, 2008

Beginnen wir also mit einer Serie von Reinigungsritualen, die uns helfen, unsere partnerschaftliche Beziehung zu klären. Der wesentliche Teil dieser Rituale ist wie eigentlich in allen Ritualen ein Dank- und Bittritual. Dabei geht es darum, tatsächlich in unseren Gedanken aufzulisten, wofür wir in unserer Partnerschaft dankbar sein sollten, um uns dann den Bitten darum zuzuwenden, was besser sein könnte. Anders als bei „normalen" partnerschaftlichen Gesprächen wenden wir uns dabei nicht an unseren Partner, obwohl dieser natürlich hören sollte, was uns bewegt, sondern an die Kräfte und Wesen der Welt, die wir um Hilfe bitten. Da es ausgesprochen seltsam wäre, um die Änderung eines anderen Menschen zu bitten (womöglich noch gegen seinen Willen), sollten wir uns in diesem Ritual darum bemühen Auskunft darüber zu erlangen, was wir dazu beitragen können, damit unsere Bitten erfüllt werden, und wie die Kräfte in der Welt uns dabei helfen können. Es geht also im Wesentlichen um Einsicht, Verständnis, Geduld, Respekt dem Anderen gegenüber und um die Selbstwahrnehmung, damit wir unseren eigenen Beitrag dazu erkennen können. Das macht nicht nur psychologisch Sinn, sondern mobilisiert auf der magischen Ebene tatsächlich alle Hilfe, die wir bekommen können.

Es ist wichtig, in diesem Ritual auch die negativen Dinge in uns, die vielleicht heftigen Emotionen, Frust, Ängste und Verletzungen in die Kräfte des Rituals einzubringen. Wenn uns dies gelingt, ohne neue Verletzungen zu erzeugen, haben wir eine gute Chance sie aufzulösen. Wir schicken sie mit dem Rauch der Pflanzen (Beifuß ist hier die ideale Räucherung) in die Welt hinaus und so wie der Rauch sich auflöst, bis er vollständig aus unserer Wahrnehmung verschwindet, so bitten wir darum, dass sich diese negativen Energien in uns ebenfalls auflösen. Der Klang einer Glocke oder eines Gongs wird das Seine dazu beitragen. Wir beenden das Ritual mit einer Waschung, entweder, indem wir ganz profan gemeinsam in die Badewanne oder unter die Dusche steigen und schauen, ob wir nicht unseren Spaß dabei haben können, oder wir nehmen die Waschung mehr rituell vor, indem wir uns gegenseitig eine Schüssel mit Wasser reichen, um Gesicht und Hände zu reinigen.

Diese Reinigungsrituale sind übrigens auch deshalb sehr wichtig, weil sich ja bekanntlich die Fehler und Probleme der Elterngeneration unweigerlich in den Kindern in gleicher oder ähnlicher Form wieder manifestieren. Je mehr wir unsere Probleme und dunklen Seiten loslassen können, desto eher können wir unseren Kindern ersparen, diese Schicksale wieder durchleben zu müssen, weil sie noch nicht aufgelöst worden sind!

Wenn wir glauben, uns auf diese und jede andere geeignete Weise zu einem guten Gefäß für das neue Leben gemacht zu haben, dann können wir uns im nächsten Schritt unserer jeweils einmaligen Weiblichkeit und Männlichkeit bewusst werden. Der erste Schritt wendet sich sozusagen nach innen, als Hinwendung zu uns selbst und zu unserer Beziehung. Dieser zweite Schritt vollzieht auch die Einbindung in die Gemeinschaft, die Familie, die Ahnenlinien und die Verbindung zu allen Wesen, denn wenn wir uns nicht nur als Individuen, sondern auch als quasi archetypische

Verkörperungen des weiblichen und des männlichen Prinzips wahrnehmen, können wir auch die Rolle des Mütterlichen und des Väterlichen wirklich annehmen.

Auch dies erfordert wieder ein Dank- und Bittritual, aber auch eine Verbindung mit diesen Kräften in der Welt, die wir am besten durch das Handwerk der Andersweltreise umsetzen können.[42] Wenn Sie dieses Handwerk nicht beherrschen, dann verbinden Sie sich in Ihren Bitten mit den jeweils männlichen oder weiblichen Kräften ihrer Familie und ihrer Ahnenlinie. Das hat zwar nicht annähernd die gleiche Kraft wie eine Andersweltreise, ist aber wie immer besser als nichts. Auch zu diesem Ritual gehört natürlich eine rituelle Reinigung, die aber dieses Mal am Anfang erfolgt, weil wir uns ja für neue Kräfte öffnen und bereit machen wollen. Da zur Bewusstwerdung des Weiblichen und des Männlichen ganz wesentlich auch die weiblichen und männlichen Aspekte der Lustkraft gehören, wäre es durchaus angemessen, dieses Ritual mit dem Ausleben des sexuellen Aspekts dieser Kraft zu beschließen.

Die Schwangerschaft und ihre Rituale

Wenn das neue Leben tatsächlich gezeugt und empfangen ist, wird es wieder Zeit für ein Dank- und Bittritual, das wir möglichst dann vollziehen sollten, wenn wir erfahren, dass es soweit ist. Wir danken für den Erfolg unserer Bemühungen (oder Vergnügungen) und bitten die Götter, die Ahnen und alle anderen wohlwollenden Kräfte der Welt um einen guten, komplikationslosen Verlauf der Schwangerschaft.

In manchen Teilen der Welt ist es auch heute noch üblich, eine Art Schrein oder Hausaltar zu errichten, der nicht nur die Schwangerschaft und die Geburt begleitet, sondern auch nach der Geburt die Verbindung zwischen Eltern und Kind festigt und fördert. Es ist üblich, diesen Schrein mit einigen Gegenständen zu beginnen und ihn dann während der Schwangerschaft und auch darüber hinaus immer wieder zu ergänzen.

Ich halte das für ein sehr wichtiges und solides Herangehen an den rituellen Aspekt und kann Ihnen das nur empfehlen. Als Beginn könnten wir zum Beispiel einen kleinen Altar der vier Elemente einrichten (siehe Kapitel 9), den wir mit jeweils einem persönlichen Gegenstand von Mutter und Vater ergänzen. Während des weiteren Verlaufs der Schwangerschaft fügen wir immer wieder Dinge hinzu, die eine magische Beziehung zur Entwicklung des Kindes im Mutterleib haben. Dazu können auch Geschenke von Freunden und Verwandten gehören, Amulette, Talismane, Heilpflanzen, wirkkräftige Steine und so weiter. Außerdem beziehen wir diesen Schrein natürlich in alle weiteren Rituale mit ein, so dass er immer mehr an magischer Kraft gewinnt.

---

[42] Axel Brück, Die Anderswelt-Reise, Praxisbuch Schamanische Reise, Engerda, 2007, 2. Auflage

Diese weiteren Rituale enthalten selbstverständlich immer ein Dank- und Bittritual, das sich auf den sicheren und guten Verlauf der Schwangerschaft richtet, aber auch den Dank an alle wohlwollenden Wesen einschließlich der Großeltern, der übrigen Familie und der anteilnehmenden Freunde enthält. Auf diese Weise „laden" wir den Schrein mit magischer Kraft auf, die uns dann während der Geburt und den darauf folgenden wichtigen Zeiten zur Verfügung steht.

Die Geburt und ihre Rituale

Wenn wir uns während der Schwangerschaft so verhalten, dann sind im Augenblick der Geburt alle Weichen gestellt, so dass wir zu diesem Zeitpunkt rituell nichts tun müssen und nicht einmal etwas tun sollten.

Bevor ich darauf näher eingehe, möchte ich noch einen in meinen Augen sehr wichtigen Hinweis geben: Es ist heute sehr weit verbreitet, dass die Väter während der Geburt anwesend sind (ihre Notfallbetreuung findet sich dann gegebenenfalls in den Abrechnungen der Krankenkassen wieder). Es scheint jedoch unter medizinischen, psychologischen und auch magischen Gesichtspunkten betrachtet zumindest diskussionswürdig zu sein, ob das wirklich eine so gute Idee ist. Ich folge hier der Argumentation von Janine Jabs, die auch von vielen auf Schwangerschaft und Geburt spezialisierten Medizinern (z. B. von Leboyer und anderen Verfechtern der sog. Sanften Geburt) vertreten wird.

Bei einem natürlichen Geburtsverlauf, der idealerweise in der gewohnten Umgebung des eigenen Heims stattfinden sollte, geht es darum eine Atmosphäre der vollständigen Ruhe und der Intimität zu schaffen, in der die Gebärende sich ganz ihren Instinkten und Gefühlen hingeben kann. Sie sollte sich ohne die Blicke von Anderen (vor allem Männern und damit eben auch vom Vater, aber auch Ärzten oder männlichem Krankenhauspersonal), ohne Hemmungen und Schamgefühl völlig frei verhalten können und sich in einer Umgebung geborgen fühlen, die den klischeehaft weiblichen Aspekten des Passiven, Empfangenden, Hingebenden und Fließenden gerecht wird. Es lässt sich leicht vorstellen, dass die eher männlichen Kräfte des Aktiven, Kontrollierenden und Analysierenden da eher stören können. Auch das Gefühl, von einem sehr nahe Stehenden Menschen beobachtet zu werden, dessen Wertschätzung wichtig ist, kann sich hemmend auswirken.

Das ist deshalb wichtig, weil die für einen natürlichen und komplikationsfreien Geburtsvorgang unabdingbaren spezifischen Hormonausschüttungen auf subtile Weise von der gesamten Geburtssituation abhängen.

Weitere Gründe, die gegen die Anwesenheit des Vaters während der Geburt sprechen finden sich in dem sensiblen Prozess des „Ankommens", der nach der Geburt ungefähr eine Stunde in Anspruch nimmt. Es würde zu weit führen, dies an dieser Stelle im Einzelnen zu erläutern, es muss genügen zu erwähnen, dass sich in dieser Zeit viele für das weitere Leben prägende Prozesse zwischen Mutter und Kind abspielen, die durch eine Störung oder sogar ein Ausbleiben gravierende Folgen und Fehlentwicklungen nach sich ziehen können.

Stellen wir also einfach fest, dass nach den entsprechenden physiologischen und magischen Vorbereitungen alles getan ist, was getan werden kann, so dass wir Mutter und Kind sich selbst und den mitfühlenden und verstehenden Kräften anderer Frauen (Hebammen) überlassen sollten. Warum sollten sich die Väter nicht auch heute wichtigen „männlichen" Aufgaben im Zusammenhang mit der Geburt zuwenden, so wie es bei vielen Völkern durchaus immer noch üblich ist?

Die Ethnologen kennen die „Couvade", das sogenannte Männerkindbett, ein Zustand, in dem die Männer die Geburt mit durchleiden und dann kraft- und energielos daniederliegen. Das wird natürlich rein psychologisch als teilnehmendes Mitleiden erklärt. Tatsächlich aber handelt es sich um einen rituell herbeigeführten Trancezustand, in dem der Mann sich auf der magischen Ebene mit der Frau verbindet, um ihr für den Geburtsvorgang seine Kräfte zur Verfügung zu stellen. Noch besser wäre es, wenn er zu einer Andersweltreise in der Lage wäre, in der er die Götter, die Nornen, die Ahnen und alle wohlwollenden Wesen der Anderswelt um Hilfe, Kraft und Unterstützung für die Geburt bitten kann.

Die Meinungen darüber gehen gewiss auseinander, aber mir scheint, dass damit mehr getan ist, als mit dem mehr oder minder hilflosen und sicher etwas zittrigen Mitgefühl des werdenden Vaters, der die Hand seiner Frau hält und eher ohnmächtig zuschauen muss, statt seine zweifellos vorhandenen (klischeehaft männlichen) Kräfte des aktiv Handelnden zum Gelingen der Geburt beizutragen!

Die Entscheidung, wie Sie dies handhaben wollen, sollte möglichst früh in der Schwangerschaft erfolgen, damit Sie sich rituell darauf vorbereiten können. In jedem Fall muss natürlich sichergestellt sein, dass der Vater nach der Geburt und der Phase des „Ankommens" präsent sein kann, um dann seinerseits die Verbindung mit dem Kind herzustellen und zu festigen. Auch wird es seine Aufgabe sein, möglichst bald nach der Geburt ein Dank- und Bittritual (auch im Namen der Mutter) durchzuführen, um sich bei allen helfenden Kräften der Welt angemessen zu bedanken.

Das Plazenta-Ritual

Einige Zeit nach der Geburt – praktischerweise möglichst bald, im Zeitalter der Tiefkühltruhe aber durchaus auch zu einem späteren passenden Zeitpunkt – sollte die Plazenta rituell vergraben werden. Der aktive Teil dieses Rituals, also das eigentliche Vergraben, sollte gewöhnlich vom Mann durchgeführt werden: Nach der Geburt, die die Trennung der symbiotischen Verbindung von Mutter und Kind ist, vollzieht der Vater diese Trennung nochmals symbolisch, indem er die Plazenta durch das Vergraben mit dem Dank der Eltern und auch des durch sie vertretenen Kindes an Mutter Erde zurückgibt.

Wir vergraben die Plazenta entweder unter einem bereits gewachsenen Baum oder pflanzen einen neuen Baum auf der Stelle, an der wir die Plazenta vergraben haben. Unsere germanischen Vorfahren bevorzugten dafür der Göttin Freya geweihte Bäume oder Büsche wie Linde, Wildrose, Birke oder Obstbäume, doch auch ein Holunder wäre dafür geeignet. Die Auswahl des richtigen Ortes ist schwierig, denn im Laufe der Jahre entsteht eine tiefe magische Verbindung zwischen diesem Baum und dem heranwachsenden Kind.[43] Er markiert die Stelle seiner Heimat und seiner Wurzeln, zu denen es im späteren Leben immer wieder zurückkehren kann. – Vorausgesetzt natürlich, der Baum steht noch oder ist noch zugänglich. Eltern mit eigenem Garten haben hier einen Vorteil, doch ich denke, eine passende Stelle lässt sich mit einiger Mühe immer finden.

In manchen Völkern ist heute immer noch das Wissen darüber verbreitet, dass eine nicht angemessen geehrte Plazenta den Mensch heimat- und wurzellos macht. Wir müssen unsere Kultur nur oberflächlich anschauen, um glauben zu können, dass etwas Wahres daran ist, wenn es sicher auch noch andere Ursachen dafür geben wird.

Abgesehen von der wohlbedachten Wahl des Ortes (Baumes) gestaltet sich das Plazenta-Ritual eher einfach. Wichtigster Bestandteil ist wie immer das Dank- und Bittritual, in dem wir für die gut verlaufene Schwangerschaft und Geburt danken und für das zukünftige Schicksal des Kindes das Wohlwollen aller Wesen und Kräfte der Welt erbitten. – Auch könnten wir ein Blatt oder ein kleines Zweiglein des Baumes von diesem erbitten, um es als Gabe dem Schrein des Kindes hinzuzufügen.

Nach der Geburt tritt eine Zeit von etwa sechs Wochen ein, die überwiegend der Ruhe gewidmet sein sollte. Eltern und Kind können sich in dieser Zeit nicht nur angemessen aneinander gewöhnen und miteinander vertraut machen, unsere Vorfahren wussten auch sehr genau, dass es ungefähr so lange dauert, bis sich Körper, Geist und Seele des Kindes zu einer während der Lebenszeit unauflöslichen Einheit miteinander verbunden haben.

Das Namensritual

Dies ist auch der Grund dafür, dass das Namensritual (oder die „Taufe" – hier nicht unbedingt im christlichen Sinn) erst ungefähr sechs Wochen nach der Geburt durchgeführt wird.

---

[43] Beim Holunder gehen die Meinungen übrigens weit auseinander, denn einerseits ist der Holunder als Baum von Mutter Erde das Tor zur Unterwelt, die von Manchen als Totenreich identifiziert wird. Andererseits gilt der Elderbusch aber auch als Tor zur Anderswelt und würde damit dem Kind einen leichten Zugang zu diesem Teil der Welt öffnen.

Dieses Fest dient einerseits dem Zweck, das neugeborene Menschenkind seiner Familie und seinen noch lebenden Ahnen zu präsentieren, andererseits wird es den Kräften und Wesen der Welt gezeigt und ihnen ebenso anvertraut wie der Fürsorge der Familie.

Aus diesem Grund sollte das Namensritual tatsächlich ein möglichst großes Fest sein, zu dem alle eingeladen werden, die in irgendeiner Weise Anteil nehmen.

Einerseits danken wir hier nochmals – und sozusagen jetzt hochoffiziell – für den guten Verlauf von Schwangerschaft und Geburt. Andererseits danken wir auch unseren eigenen Ahnen, den Eltern und Großeltern dafür, dass wir auf der Welt sind und auch dafür, dass wir sind, wie wir sind, denn nicht nur wir haben auf unterschiedlichen Wegen zu diesem Kind beigetragen, wir wurden durch unsere Ahnen geprägt und geben diese Prägungen (hoffentlich geläutert, gereinigt und in ihren negativen Aspekten aufgelöst, soweit uns dies möglich ist) an unser Kind weiter.

Das rituelle Fest dient dazu, nicht nur allen Angehörigen, sondern der Welt und allen Kräften in ihr, insbesondere den Göttern und den Nornen den Namen und damit die Identität des Kindes zu verkünden und es dem besonderen Wohlwollen und dem Schutz dieser Kräfte zu unterstellen.

Dies geschieht, indem wir ein Dank- und Bittritual mit einem speziellen Teil durchführen. Ähnlich wie in dem Hochzeitsritual im nächsten Kapitel werden alle anwesenden Menschen gebeten, dem neuen Erdenbürger etwas zu wünschen, das sie für besonders wichtig halten. Wenn irgend möglich, sollte dieser Wunsch auch in Form eines materiellen Geschenks vorgebracht werden. (Hier geht es nicht um den materiellen Wert, sondern um den symbolhaften Charakter, der dem Wunsch eine äußere Form verleiht!) Selbstverständlich sollte der Ritualleiter wie immer in diesen Fällen die teilnehmenden Gäste rechtzeitig darüber aufklären, was von ihnen erwartet wird.

Den Eltern fällt dabei die Aufgabe zu, die Geschichte des Namens des Kindes zu berichten. Gewöhnlich investieren Eltern viel Kraft und Gefühl in die Auswahl eines geeigneten Namens, weil der Name die Hoffnungen, Wünsche und Zukunftsvorstellungen der Eltern zum Ausdruck bringen soll. Unter Anderem auch deshalb haben Namen eine starke magische Kraft, die sich aber eigentlich nur dann wirklich entfalten kann, wenn sie durch die Geschichte des Namens in einem Ritual aktiviert wird.

Generell können wir sagen, dass der Nachname die magische Verbindung zur Familie und den Ahnen enthält, während der Vorname das von den Eltern vorgestellte individuelle Lebensziel beinhaltet. (Deshalb sollten wir übrigens mit sehr ausgefallenen oder bedeutungsüberfrachteten Namen vorsichtig sein. Wer seine Kinder Salome oder Odin nennt, darf sich nicht wundern, wenn sich zumindest ein Teil des Schicksals oder Charakters dieser Wesen im Lebensweg der Kinder manifestiert!)

In einem weiteren Ritualteil werden wir das Kind mit den Kräften seines Ursprungs verbinden, mit der Magie und auch dem göttlichen Anteil des Ortes, an dem es zur Welt gekommen ist. Dies kann dadurch geschehen, dass der Vater den Sohn oder die Mutter die Tochter um die Grenzen des Besitzes trägt (und seien es ganz prosaisch auch nur die Räume einer Mietwohnung), um ihm oder ihr seine Heimat zu zeigen. Auch der Baum, unter dem die Plazenta vergraben ist, gehört dazu, es sei denn, er wäre unerreichbar fern und als besonders wichtig der Schrein des Kindes, in dem sich die Kraft der bisherigen Lebenslinie magisch niedergeschlagen hat.

Mit diesem Ritual haben wir dann alles getan, um unserem Kind einen guten Start zu geben. Die weiteren Lebensabschnitte werden zu neuen Ufern und auch zu neuen Ritualen führen. Ich möchte hier nur noch einen Vorschlag unterbreiten, der eigentlich sehr nahe liegt: So wie die Christen den Namensheiligen feiern, dessen Geschichte mit ihrem Namen verknüpft ist (siehe nächstes Kapitel), so könnten natürlich auch Sie einen Namenstag feiern, nämlich den Tag des Rituals der Namensgebung – Anlässe zum Feiern, vor allem zu rituellen Feiern kann man eigentlich nie genug haben! In diesem Fall lägen Geburtstag und Namenstag immer relativ dicht beieinander, meist durch ungefähr sechs Wochen voneinander getrennt.

Kapitel 14
Feste zu Geburtstag und Hochzeit, Transitions- & Transformationsrituale Im Einklang mit der Familie und der Gesellschaft

Unsere Einbindung in die Welt und die Gesellschaft um uns schufen und erhielten unsere Ahnen mit einer Reihe von Ritualen, die allerdings nahezu alle aus unserem Lebensumfeld verschwunden sind. Einige gibt es noch in rudimentärer Form – und diese können wir wieder mit Leben füllen.

Ein weites Feld für die Durchführung von Ritualen ist unsere Einbindung in unsere Familie und in den Kreis unserer Freunde und Bekannten. Diese Rituale können natürlich nur funktionieren, wenn wir in einem Kreis leben, in dem es Verständnis für die Wichtigkeit von Ritualen gibt, was man leider nur selten erwarten darf. Aber auch hier könnte es zu den „Vorbereitungen" gehören, Aufklärungsarbeit zu leisten, Neugier zu wecken und so das rituelle Umfeld zu gestalten. Allerdings sollten Sie nicht der Versuchung erliegen, nur Neugierige an einem Ritual als unbeteiligte „Gäste" teilnehmen zu lassen. Dieser Versuch ist gewöhnlich zum Scheitern verurteilt, denn ein Ritual erlaubt nun einmal keine mehr oder minder unbeteiligten Zuschauer.

Wenn es anders nicht geht, dann feiern Sie diese Feste nur für sich alleine. Oder aber Sie schließen sich mit anderen Menschen außerhalb Ihrer Familie zusammen, die ebenfalls Interesse an Ritualen haben. Ich habe immer wieder die Erfahrung gemacht, dass man sich nur „outen" muss, um plötzlich festzustellen, dass es im eigenen Umfeld „Gleichgesinnte" gibt. Ich glaube, das funktioniert allerdings nur, wenn man sich nicht als der große, geheimnisumwitterte Ritualmeister darstellt, sondern die Dinge so natürlich und selbstverständlich nimmt, wie sie es eigentlich auch sein sollten. – Und es funktioniert nur, wenn wir im Falle des Interesses auch etwas zu erzählen haben, Fakten und Geschichten.

Geburtstage

Um Geschichten erzählen zu können, lohnt es sich immer, einen Blick auf die Vergangenheit zu werfen. Geburtstagsfeiern zum Beispiel, die uns als so selbstverständlich erscheinen, hat es im größten Teil unserer Vergangenheit nie gegeben. Die Römer feierten den Geburtstag als Ahnengedenktag. An diesem Tag bedankte man sich bei seinen Ahnen für die eigene Existenz und für die Qualitäten seines Lebens, die man ihnen zu verdanken hatte.

Beachten Sie übrigens: Auch unsere Eltern gehören zu unseren Ahnen! Ahnen müssen nicht notwendig tot und seit Jahrhunderten zu Staub zerfallen sein.

Mit der Christianisierung kam der Geburtstag aus der Mode. Stattdessen wurde jetzt der Namenstag gefeiert und die Verbindung mit demjenigen christlichen Heiligen, mit dem man durch seinen Namen verbunden war. Außerdem wussten zumindest im „dunklen" Mittelalter, diesem barbarischen Einbruch des Unwissens, die meisten Menschen gar nicht, an welchem Tag sie zur Welt gekommen waren und Datumsangaben waren ihnen ebenfalls fremd. Zumindest für die sogenannten einfachen und ungebildeten Menschen blieb das sehr lange so und erst mit dem Aufkommen des Großbürgertums kam der Geburtstag wieder zu uns, jetzt allerdings nicht als Ahnenfeier, sondern eher als das persönliche Ereignis, das wir auch heute noch feiern.

Welche Geschichte wollen wir also erzählen und welche Kräfte können wir in unserem Ritual lebendig werden lassen? Wozu gratuliert man eigentlich jemandem zum Geburtstag? Was ist geschafft, was hat das „Geburtstagskind" vollbracht oder was ist ihm Besonderes widerfahren?

Ich denke, ein Geburtstag hat zwei Funktionen: Einerseits bindet er uns in das Jahresrad ein, er zeigt uns sozusagen: „An dieser Stelle bin ich in das Jahresrad hineingeboren worden, hier bin ich auf den Zug der Lebendigkeit aufgesprungen!" Andererseits sollte er uns auch tatsächlich an unsere lebenden und verstorbenen Ahnen erinnern und an die Familie, in die wir hineingeboren wurden.

Also ist der Geburtstag eigentlich eine Feier unserer Verbundenheit mit der Welt, mit dem Lauf der Zeit, den Jahreszeiten, den Kräften der Natur, aber auch unserer Verbindung mit unserer Ahnenlinie, unseren Verwandten, Freunden und immer weiter hinausgreifend mit allen Wesen der Welt. Wie könnte man ein solches Ereignis feiern?

Wie immer gehört ein Dank- und Bittritual dazu, das sich an unsere Ahnen, unsere Familie und an die Welt wendet. Auch wenn es manchmal schwer fällt, ehren wir unsere Eltern, ohne die wir nicht auf der Welt wären, und unsere Ahnenlinie, indem wir uns stellvertretend an diejenigen unter ihnen wenden, zu denen wir eine besondere Verbundenheit spüren. Unsere Einbettung in die Welt ergibt sich aus dem Platz, an dem wir das Ritual feiern. Falls wir die Gelegenheit dazu haben, sollten wir uns deshalb einen besonderen Ort dazu auswählen, einen Kraftort in unserer näheren Umgebung, zu dem wir einen besonderen Bezug haben.

Doch auch den persönlichen Teil dürfen wir nicht vergessen: Es ist zwar keine Leistung des Geburtstagskindes, überhaupt lebendig zu sein, aber ein bis zu diesem Tag (hoffentlich gut und zufriedenstellend) verbrachtes Leben können wir uns selbst zurechnen. Also gehören die Rückschau ebenso wie die Wünsche und Hoffnungen an die Zukunft mit dazu. Wenden wir uns also an die Nornen, an Urd, Verdandi und Skuld, zuständig für das Gewesene, das Seiende und das Mögliche, danken wir und bitten darum, dass uns der von außen auferlegte Teil unseres Lebensschicksals von uns auch tatsächlich gelebt werden kann!

Wenn wir die Kunst der Andersweltreise beherrschen, so wäre die Annäherung an die Nornen durch die Andersweltreise ein durchaus angemessener Teil unseres Rituals. Die Nornen sind diejenigen Kräfte in der Welt, denen auch die Götter unterworfen sind, sie repräsentieren Schicksal, Fügung und Notwendigkeit und werden deshalb von den Menschen nicht unbedingt freundlich gesehen. Das erinnert uns daran, dass unser Leben (nach unseren menschlichen Maßstäben gerechnet) immer einen dunklen und einen hellen Teil enthält. Das Ausgeliefertsein an die Welt und das uns widerfahrende Schicksal erleben wir als dunkel, weil es uns unsere Hilflosigkeit zeigt, die Selbstbestimmtheit des Lebens durch die Ausnutzung unserer Freiräume und unser aktives Handeln erleben wir als hell. Tatsächlich jedoch gehört Beides unauflöslich zusammen, so dass das Eine ohne das Andere gar nicht möglich ist

– und das sollte die wesentliche Geschichte unseres Rituals sein: Uns mit diesen beiden Kräften zu konfrontieren, mit uns selbst als bewegende Kraft in der Welt einerseits und den Kräften der Welt, von denen wir bewegt werden.

Ein wichtiger Teil des Rituals könnte deshalb in der „Musik" liegen, in der Verbindung der Klänge und Rhythmen schamanischer Instrumente mit Melodien. Das Eine (Klänge und Rhythmen) steht dabei für unsere Einbettung in die Welt, auch für das Unabänderliche, mit dem wir leben müssen, das Andere (die Melodien) für den eigenen, unverwechselbaren Beitrag, den wir selbst zum Lauf der Welt beisteuern. Wenn wir über genügend Mitfeiernde verfügen, die an solchen Dinge Freude haben, so wäre auch ein Rundtanz angemessen, in dem wir zugleich führen und geführt werden. Wenn uns solche Möglichkeiten nicht zur Verfügung stehen, müssen wir uns mit einem möglichst ausführlichen Dank- und Bittritual begnügen (siehe Kapitel 7). Allerdings sollte ein „Geschichtenerzähler" nicht fehlen, der uns unser Leben und unsere Einbindung in die Welt zu Gehör bringt! Das ist wichtig, denn in diesem Ritual geht es tatsächlich einmal hauptsächlich um uns selbst! Deshalb auch, das sollte eigentlich selbstverständlich sein, dürfen wir das Feiern, Essen und Trinken, Tanz, Ausgelassenheit, Spaß und was uns noch so einfällt, keinesfalls zu kurz kommen lassen!

Transitions- und Transformationsrituale

Zunächst scheint mir eine Begriffserklärung notwendig zu sein: Jeder wird wohl wissen, was es mit einer Visionssuche auf sich hat. Wir begeben uns nach eingehender Vorbereitung für einen festgesetzten Zeitraum (gewöhnlich zwei bis vier Tage) in die Wildnis, um in Form einer Vision Aufklärung über unsere Aufgabe, unseren angemessenen Ort im Leben oder andere essentielle Fragen zu erhalten. In dieser Suche nehmen wir Kontakt mit unseren Ahnen auf, mit helfenden Geistwesen oder sogar mit den Göttern selbst. Das Resultat der Vision ist eine Veränderung unseres Wesens, unseres Blicks auf uns selbst und auf die Welt. Das heißt, wir werden verändert, transformiert. Deshalb nennt man solche Rituale korrekterweise Transformationsrituale.

Der Übergang von der Jugend zum Erwachsenenalter dahingegen widerfährt uns und verändert unseren Status in der Gemeinschaft – und natürlich auch unser Verständnis von uns selbst. Jeder Übergang ist eine Transition und deshalb nennen sich diese Rituale auch Transitionsrituale. Nun ist es zwar so, dass jeder Übergang auch eine Veränderung bewirkt, aber noch längst nicht jede Veränderung auch einen Übergang. Der Unterschied ist eigentlich leicht zu fassen: Das Eine bezieht sich (auch) auf unseren Status in der Gesellschaft, das Andere betrifft nur und ausschließlich uns selbst. Das sind zwei sehr verschiedene Dinge, die sich in unterschiedlichen Formen äußern. Deshalb ist die Unterscheidung keine Haarspalterei.

Ich möchte für jede dieser beiden Formen je ein Beispiel anführen:

Die Visionssuche – ein Transformationsritual

Es sollte sich eigentlich von selbst verstehen, dass eine Visionssuche ein großes und wichtiges Ritual im Leben ist, das wir nicht einfach „nur so" machen werden. Sie soll uns helfen, wesentliche Lebenskrisen zu überwinden, den verloren gegangenen oder noch nie gefundenen Sinn unseres Lebens deutlich zu machen, uns den Platz in unserer Gemeinschaft aufzuzeigen oder zuzuweisen, oder uns den Weg zu den Göttern zu bahnen. Also werden wir ein solches Ritual nur in Krisensituationen durchführen, in denen der existentielle Druck groß und deshalb auch motivierend genug ist, um diese Arbeit auf uns zu nehmen. Den Hauptteil des Rituals, die eigentliche Visionssuche, führen wir selbstverständlich alleine durch, doch für den Beginn und das Ende unserer Suche brauchen wir ebenso Hilfe wie für die Überwachung, während wir alleine sind.

Es gibt unterschiedliche Formen der Visionssuche. Ich beschreibe hier eine einigermaßen traditionelle Form, wie sie auch heute noch bei vielen nordamerikanischen Indianerstämmen üblich ist. Es spricht aber nichts dagegen, diese Form unseren Möglichkeiten und unseren Bedürfnissen anzupassen.

Das Ritual beginnt damit, dass wir den Ältesten unsere Bedürfnisse und Absichten kund tun und um Erlaubnis bitten, eine Visionssuche durchführen zu dürfen. Da wir in unserer Gesellschaft keine Ältesten haben, müssen wir uns vorher überlegen, an welchen (möglichst) weisen und erfahrenen Menschen wir uns wenden wollen – denn ohne diese Begleitung wird uns die Visionssuche nicht gelingen. Besprechen wir mit diesem Menschen, was wir tun wollen, warum wir es tun wollen, welcher Ort dafür gut sein könnte und welche Zeit. (Eine Woche Urlaub werden wir schon opfern müssen, um das Ritual ordnungsgemäß über die Bühne bringen zu können!)

Die Visionssuche beginnt mit einer Vorbereitungszeit von mindestens zwei Tagen. Wir reinigen uns durch leichtes Fasten, tatsächliche rituelle Waschungen, bereiten unsere Kleidung für die Suche vor, sprechen mit den Ältesten (oder den Menschen, die wir um Hilfe gebeten haben), wenden uns in Gebet und Bitte an die Götter und an die Kräfte der Welt und bedenken in unserem Herzen, was wir planen und was wir uns davon erhoffen. In diesen Tagen arbeiten wir nicht und gehen auch keinen anderen Tätigkeiten nach. Deshalb auch können wir unseren Tagesablauf rituell gestalten, mit einem Dank- und Bittopfer am Morgen und am Abend, mit mehreren „Trommelmeditationen" im Verlauf des Tages und mit festgesetzten Zeiten für Schweigen und Alleinsein sowie für das Gebet an die Götter, wen auch immer wir verehren. In dieser Zeit werden die Ältesten den Platz vorbereiten, an dem wir die Suche beginnen wollen.

Ein Wort zur Auswahl des Ortes: Der Suchende wird sich an diesem Ort drei Tage und drei Nächte lang aufhalten. Er muss unbedingt allein bleiben und darf keinesfalls gestört werden. Wenn man die Geschäftigkeit, um nicht zu sagen operative Hektik der deutschen Förster, Waldarbeiter, Bauern und Wandervereine kennt, dann weiß man, dass die Wahl des Ortes problematisch sein kann. Wenn möglich, sollten wir ein ausgedehntes Privatgelände nutzen oder uns zumindest mit den Verantwortlichen (früher hätte man gesagt, den Hütern des Ortes) verständigen.

Die eigentliche Vorbereitung des Ortes besteht darin, dass er rituell gereinigt und abgegrenzt wird, so wie ich es eingehend beschrieben habe. Der Platz sollte ein paar Quadratmeter groß sein (vielleicht vier bis sechs Quadratmeter) und durch Pflöcke oder Steine eindeutig markiert werden.

Am Abend vor dem Tag der eigentlichen Suche finden sich alle zusammen, die Anteil nehmen, um in einem gemeinsamen Ritual zu danken, zu bitten und sich an die Götter zu wenden. Der Suchende schläft alleine (wie auch in den Nächten zuvor) und wird am Morgen von den Ältesten zu seinem Ort begleitet. Er nimmt eine Decke mit (oder auch zwei) und für jeden Tag, den er dort verbringen wird, ungefähr zwei Liter Wasser. Uhren, Handys und andere Segnungen der Zivilisation sind natürlich nicht erlaubt, ebenso wenig wie Messer, Taschenlampen oder andere Spielzeuge. Der Älteste ermahnt den Suchenden, sich in Versenkung, Gebet und Bitte zu vertiefen und den markierten Platz nicht, unter keinen Umständen, zu verlassen, bis er nach dem Ende der Suche wieder abgeholt wird.

Nun könnte man meinen, dass drei Tage und drei Nächte ohne Nahrung, wahrscheinlich schlaflos verbracht, denn eine Decke schützt nicht sehr gegen Kälte und gar nicht gegen harte Böden, ziemlich heftig sein können. Wer so denkt, denkt richtig. Die Entbehrungen, die wir auf uns nehmen, sollen nicht nur unseren Willen deutlich machen, dass wir von den Kräften der Welt und den Göttern eine Antwort erhalten wollen, sie versetzen uns auch in einen mentalen Ausnahmezustand, der unsere Sinne und unsere Seele für die Sprache der Welt und der Götter öffnet. Deshalb dürfen wir auch nicht versuchen, uns das Leben während der Suche zu erleichtern! Die Suche wäre vergeblich, wenn wir daran dächten, sie bequem zu verbringen. Was wir während der Suche tun oder auch nicht, bleibt uns selbst überlassen. Meditation, Versenkung jeder Art, Gebet, Innenschau, Bitte – was auch immer wir tun, es wird richtig sein und die lange Zeit, die wir an diesem kleinen abgegrenzten Platz verbringen, wird uns helfen, die Antwort zu hören – wenn wir denn eine erhalten. Eine Garantie dafür gibt es natürlich nicht.

Während der Zeit der Suche wird der Älteste ein- oder zweimal am Tag nach uns schauen, allerdings ohne sich uns zu zeigen und sowieso ohne mit uns zu reden, so dass wir in Notfällen Hilfe bekommen werden.

Wenn die Zeit abgelaufen ist, werden alle Anteilnehmenden kommen, um uns feierlich abzuholen (auch zu stützen oder zu tragen, wenn es denn erforderlich sein sollte). Wir treten vor den Ältesten und berichten, was wir erlebt haben, ob wir eine Vision gehabt haben und welcher Natur sie war. Er wird sie für uns deuten und uns Ratschläge für den weiteren Weg mit auf den Weg geben. Das Ritual der Visionssuche endet in einem gemeinsamen Dank- und Bittritual und in einem Fest. (Achtung: Wer drei Tage lang nur Wasser getrunken und nicht geschlafen hat, sollte mit der Nahrungsaufnahme und mit Alkohol vorsichtig sein! Notfalls freuen wir uns daran, dass die Anderen feiern.)

Was ich hier beschrieben habe, ist tatsächlich eine Visionssuche. Meditative Spaziergänge im Wald zählen eher nicht dazu. Allerdings dürfen wir uns die mentalen und physischen Anstrengungen nach unseren Möglichkeiten und Fähigkeiten gestalten. Es hat überhaupt keinen Zweck, uns in einer Weise zu überfordern, die garantiert zu einem Zusammenbruch führt. Auf der anderen Seite geht es aber um eine Grenzüberschreitung und damit eine Erfahrung, die nicht nur unsere Bequemlichkeit schmälern darf. Wer einmal Berichte – zum Beispiel von den indianischen Völkern – gelesen hat, wie erschütternd und lebensverändernd eine Visionssuche sein kann und sein soll, wird verstehen, dass das Ereignis selbst auch so sein muss, also erschütternd und von existentieller Tiefe – wenn das Resultat ebenso sein soll. Deshalb taugt es auch nichts zu sagen: „Ach, machen wir doch mal eine Visionssuche!" Das muss wohl bedacht, geplant und von einem entsprechenden „Innendruck" begleitet sein.

Der Übergang in das Erwachsenenalter – ein Transitionsritual

In weiter zurückliegenden Zeiten fand der Übergang in das Erwachsenenalter nach unseren Vorstellungen ziemlich früh statt. Mit ungefähr vierzehn Jahren war es bei unseren germanischen oder keltischen Ahnen soweit: Mit einem entsprechenden Ritual wurden die Jungen und Mädchen in die Gemeinschaft der Erwachsenen aufgenommen. Eine junge Frau, die im Alter von sechszehn Jahren noch nicht verheiratet und noch kein Kind zur Welt gebracht hatte, galt schon fast als alte Jungfer und von den jungen Männern aus den gehobeneren Familien in diesem Alter wurde erwartet, dass sie bereits ihre ersten Kampferfahrungen hinter sich gebracht hatten.

Heute sehen wir die Dinge anders und wie immer ist es nicht unbedingt sinnvoll, alte Sitten wieder aufleben zu lassen. Dennoch ist dieses Alter offenbar eine richtige Zeit für den Übergang, feiern wir doch heute noch unter den Christen die Konfirmation, oder in den neuen Bundesländern die Jugendweihe als eine Art Pseudo-Übergangsritual in das Erwachsenenalter.

Ich denke, dass wir dieses Übergangsritual heutzutage nicht an einem bestimmten Lebensalter festmachen sollten, sondern an der nötigen Reife, die bei Mädchen ja bekanntlich früher eintritt als bei Jungen. Außerdem – und das erscheint mir sehr wichtig – sollten wir bedenken, dass wir beim Erwachsen-Werden dem Willen des Mädchens oder des Jungen folgen müssen, und nicht unseren eigenen Vorstellungen. Außerdem sollten wir uns darüber im Klaren sein, dass ein ernst gemeintes Übergangsritual dieser Art für uns als Erwachsene eine sehr wichtige Konsequenz hat: Ist es vollzogen, so sind wir fortan mit einem zwar sehr jungen, aber eindeutig erwachsenen Menschen konfrontiert. Wenn wir diese Konsequenz nicht zu tragen bereit sind, sollten wir uns einem Transitionsritual verweigern – alles Andere wäre unehrlich. Allerdings sollte auch dem Kandidaten deutlich sein, dass aus einem solchen Ritual die Verantwortung erwächst, nicht nur die Rechte, sondern auch die Pflichten eines Erwachsenen zu übernehmen.

Wenn das so weit klar ist, dann müssen wir darüber nachdenken, welche Geschichte uns dieses Ritual erzählt, welche Kräfte es anrufen und mobilisieren soll.

Auf der einen Seite geht es zunächst einmal um das Abstreifen des Alten und um das Platz Schaffen für das Neue. Deshalb gehört zu diesem Ritual unbedingt die rituelle Reinigung und die neue Bekleidung, die im Rahmen des Rituals feierlich angelegt wird. (Das habe ich bereits in Kapitel 6 erklärt.)

Früher einmal und bei vielen indigenen Völkern heute noch gehörte und gehört eine Prüfung zum Ritual, durch deren Bestehen der Kandidat oder die Kandidatin sich als würdig erweisen muss, um in die Gemeinschaft der Erwachsenen aufgenommen werden zu können. Diese Prüfungen waren gewöhnlich beschwerlich oder sogar gefährlich und hatten definitiv nicht nur einen symbolischen Charakter, denn das Risiko des Scheiterns war nicht gering. Das scheint mir jedoch heute für unsere Gesellschaft nicht angemessen zu sein und sollte ersetzt werden durch eine sorgfältige Prüfung des Ritualmeisters, der sich durch Gespräch und Beobachtung davon überzeugen kann, ob die nötige Reife gegeben ist. Sollten Sie jedoch der Meinung sein, dass die Kandidaten nicht ganz ungeschoren davon kommen dürfen, dann wäre vielleicht etwas Anderes angemessen: Die junge Frau kümmert sich um die Vorbereitung des Festessens für alle Beteiligten und der junge Mann könnte damit beauftragt werden, die äußere Organisation von der Einladung der Gäste bis zur Auswahl und Vorbereitung des Ritualplatzes zu übernehmen. (Gewiss eine sehr traditionelle Rollenverteilung, an der FeministInnen keine Freude haben werden, aber es handelt sich ja auch um ein sehr traditionelles Ritual, das dazu dient, den Jungen zum Mann und das Mädchen zur Frau werden zu lassen.)

Ein weiterer wesentlicher Bestandteil des Rituals besteht in der Aufnahme der Kandidaten in die Gemeinschaft der Erwachsenen, deren Kräfte in irgendeiner Weise in das Ritual eingebracht werden müssen. Es ist ja keinesfalls so, dass die Erwachsenen freundlich oder herablassend lächelnd dem Treiben der Kinder zuschauen können. Sie sind auch gefragt und müssen sich selbst, ihre Rolle und damit ihre Kraft im Ritual deutlich machen. Eine gute Möglichkeit dazu wäre zum Beispiel ein Rundtanz der Erwachsenen, in dessen Verlauf der Junge oder das Mädchen vom Zuschauer zum Teilnehmer wird.

Bei Ritualen dieser Art sollte es immer einen genau bestimmbaren Augenblick des „Jetzt" geben, das heißt, der Übergang vollzieht sich nicht diffus irgendwann im Verlauf des Rituals, sondern es gibt einen bestimmten Augenblick, in dem der Übergang geschieht. Naturgemäß ist dieser Übergang zugleich der Höhepunkt des Rituals und er wird dann erreicht, wenn der junge Mensch der Gesellschaft (also den Feiernden), den Ahnen, den Kräften der Welt und den Göttern gezeigt und ihrer Fürsorge anempfohlen wird. Dies geschieht in Form eines Dank- und Bittrituals, in dem diese Kräfte zur Teilnahme eingeladen werden und in dem ihr Wohlwollen erbeten wird.

Dieser Ritualbaustein sollte mit kräftigen Worten vorgetragen werden. Am Besten geschieht dies in der Form, die ich in Kapitel 7 im Abschnitt „Einladung und Begrüßung" beschrieben habe, gefolgt von der Vorstellung des jungen Erwachsenen, bei der alle Eingeladenen nochmals benannt werden.

Bei solchen Gelegenheiten ist übrigens das Feiern in meinen Augen noch wichtiger als sonst, obwohl es natürlich, wie ich nun schon oft genug betont habe, nie fehlen sollte. Die jungen Erwachsenen, die bisher vielleicht in dieser Hinsicht elterlichen Restriktionen unterworfen waren, sollten nunmehr die Gelegenheit haben, unbegrenzt und vielleicht auch in eigener Verantwortung über die Stränge schlagend, mit den anderen Erwachsenen zu feiern. Dies ist wenigstens in den neuen Bundesländern durch die Jugendweihe durchaus bekannt: Zumindest auf dem Land ziehen die Jugendlichen als Abschluss der Feiern durch das Dorf, entweder von Haus zu Haus oder nur zu den Häusern, in denen ebenfalls die Jugendweihe gefeiert wird und lassen sich mit harten Getränken abfüllen, was natürlich nur zu oft mit einem handfesten Rausch und den entsprechenden Folgeerscheinungen endet.

Man kann dazu stehen, wie man will, mir geht es hier darum, an die Folge des Rituals zu erinnern, die darin besteht, dass das Kind sich in einen eigenverantwortlichen jungen Erwachsenen verwandelt. Wie ich schon eingangs erwähnte, muss man dieses Ritual entweder mit allen seinen Folgen ernst nehmen – oder es eben lassen.

Die Hochzeit

Das Entscheidende an einer Hochzeit ist nicht, dass zwei Menschen zusammenfinden und zusammen bleiben wollen, das Entscheidende ist, dass sie dieses Ereignis nicht nur für sich selbst markieren, sondern auch der Welt und der Gemeinschaft, in der sie leben, bekannt geben wollen. In den meisten Gesellschaften bedeutet dies auch, dass ihnen bestimmte Rechte zugestanden und dass bestimmte Pflichten von ihnen erwartet werden.

Daraus folgt, dass ein wesentlicher Teil des Rituals genau so konzipiert werden muss, wie ich es im voraufgegangenen Beispiel des Übergangs in das Erwachsenenalter beschrieben habe. Der Unterschied besteht darin, dass es nicht eine Person ist, die der Gemeinschaft, den Kräften der Welt und den Göttern präsentiert wird, sondern ein Paar. Und es geht auch um einen Übergang, den Übergang vom unverbindlichen Status der Singles zu dem des erklärten Paares.

Darüber hinaus geht es darum, dem Paar seine Einbindung in die Kräfte der Welt und den zukünftigen gemeinsamen Gang durch die Freuden und Fährnisse des Lebens deutlich zu machen und ihnen durch das Ritual eine Quelle der Kraft für diesen Weg zu öffnen.

Wenn ich ein Hochzeitsritual durchführe, dann erkläre ich dem Paar (und natürlich auch den anderen Anwesenden), dass sein Leben wie das Leben eines jeden Menschen durch drei Kräfte bestimmt wird, die schamanisch mit den Wörtern Liebe,

Lust und Tod umschrieben werden. Bei der Kraft der Liebe geht es um die Zuneigung füreinander, aber auch um die Sinnhaftigkeit des Lebens und die Zuneigung zur Welt ganz allgemein. Bei der Kraft der Lust geht es um das gegenseitige Begehren und die daraus möglicherweise entstehende Fruchtbarkeit, aber auch um Spaß und Freude im weitesten Sinne. Die Kraft des Todes besteht in der Partnerschaft im gegenseitigen Behüten und Bewahren, im füreinander da Sein in guten und in schlechten Zeiten (wie die Christen es formulieren).

Natürlich steckt noch mehr hinter den drei Kräften und ihrem Wirken in uns und in der Welt, aber auf dieses Ritual bezogen, mögen diese Kenntnisse genügen. Da die drei Kräfte das Leben des Paares bestimmen werden, lautet mein Hochzeitsspruch, der die eigentliche Bindung vollzieht: *„Liebt Euch mit der Kraft der Liebe, begehrt Euch mit der Kraft der Lust und behütet Euch mit der Kraft des Todes."*

Wie wir die Bindung bekräftigen, ob mit dem Tausch von Ringen oder dem Tausch eines anderen Unterpfands, liegt in unserem Belieben. Wichtig ist lediglich, dass ein Tausch vollzogen wird.

Neben den üblichen Hochzeitsgeschenken wird von den Gästen im Ritual noch eine Zusatzleistung erwartet: Jeder gibt ein symbolisches Geschenk, das am besten darin besteht, dem Paar dasjenige zu wünschen, was man selbst für das Wichtigste hält. Noch schöner und von größerer ritueller Kraft als nur gesprochene Worte sind natürlich symbolhafte Gegenstände. Dabei wäre es gut, solche Dinge zu wählen, die sich dem Feuer übergeben lassen, damit sie im Rauch als Wunsch in die Welt hinausgetragen werden. (Eine traditionelle Form sind aus Papier geschnittene oder gefaltete Gegenstände, seien es auch nur selbst gemachte Umschläge, in denen ein Zettel mit den guten Wünschen steckt.) Wenn Sie das auf diese Weise realisieren können, dann wirft jeder Gast sein Geschenk selbst in das Feuer und verkündet zugleich mit gesprochenen Worten, um was es geht. Erfahrungsgemäß geraten die guten Wünsche vor lauter Ernsthaftigkeit und Bemühen manchmal ein wenig aus dem Gleichgewicht und neben materieller Sicherheit, Kindern, Gesundheit und Zufriedenheit kommt oft der Spaßfaktor zu kurz (zum Beispiel der Spaß im Leben generell, aber auch der im Bett). Sorgen Sie als Ritualleiter und damit letzter in der Reihe der Glück Wünschenden dafür, dass durch ihre ausgleichenden Wünsche alle drei Kräfte einigermaßen ausgewogen vertreten sind!

Vergessen Sie als Ritualleiter bitte nicht, die Teilnehmer rechtzeitig im Vorfeld darüber aufzuklären, was von ihnen erwartet wird!

Auch wenn uns heutigen Mitteleuropäern solche Gedanken eher fern liegen, so sollten wir nicht vergessen, dass durch eine Hochzeit nicht nur zwei Menschen miteinander verbunden werden, sondern zwei Familien mit all ihren lebenden und verstorbenen Verwandten. Deshalb war in unserer Vergangenheit eine Hochzeit überwiegend ein Fest, das sich an die Ahnen beider Familien wendete, mit Totengedenken, Friedhofsbesuch und so weiter. Wir müssen dies nicht unbedingt in unser

Ritual einbeziehen, aber es wäre schon egoman, im Ritual nicht die Verbindung der beiden Familien zu würdigen. Immerhin sind Verwandte ein wichtiger Halt im Leben und wenn sich die Zahl der Verwandten durch die Hochzeit plötzlich vermehrt, so ist auch das gewiss ein Grund zum rituellen Feiern, auch wenn das nicht mehr unbedingt unserer Lebenswirklichkeit entspricht.

Vor Allem auf dem Land gibt es auch heute noch vielfältige Hochzeitsbräuche, die oft auf rituelle Traditionen zurückgehen. Das Bewerfen des Brautpaares mit Getreidekörnern zum Beispiel sorgt für Fruchtbarkeit und materiellen Wohlstand. (In früheren Zeiten gehörten auch Kinder zumindest teilweise zum materiellen Wohlstand, weil sie die Versorgung im Alter sichern mussten.) Das Erzwingen des Wegs durch das Durchtrennen oder Aufknüpfen eines Seils oder das Zersägen eines Baumstamms erwirkt das Wohlwollen und die Zustimmung der Gemeinschaft, weil es mit großzügigen Geschenken des Brautpaars an die Gemeinde verbunden ist. Das Hineintragen von Feuer und Wasser ins Haus und das Entzünden des Herdfeuers – sofern vorhanden – sichert dem Paar den „Haussegen" für die kommende Zeit der Gemeinschaft. Die nachts heimlich aufgehängte Girlande aus Kinderkleidung zielt naturgemäß auf die Fruchtbarkeit des Brautpaares. Andere Bräuche haben einen in unseren heutigen Augen mehr zweifelhaften Hintergrund. So lassen sich der Brautraub und die Herausgabe der Braut gegen Lösegeld wohl eher auf Zeiten zurückführen, in denen die Frau eine Ware war, die gekauft werden konnte.[44]

Jedes Ritual schafft zwischen den Teilnehmern eine Verbindung, die über das Ende des Rituals hinaus fortbestehen bleibt, solange die Kräfte wirken. Dies sollte auch dadurch dokumentiert und verstärkt werden, dass das Paar seinen Gästen ein kleines Geschenk gibt, das an das Ereignis erinnert und so die Kräfte der Bindung unterstützt und lebendig hält. Dieses Geschenk könnte das Paar am Ende des Rituals verbunden mit dem Dank für die Teilnahme und die guten Wünsche überreichen. Wenn wir alten Bräuchen folgen wollen, dann könnte dieses Geschenk ein spezielles Hochzeitsgebäck sein, das dann allerdings nicht verzehrt, sondern aufgehoben wird, oder aber nach eher modernem esoterischen Denken ein glückbringender Halbedelstein. (Eine weitere Möglichkeit, die traditionellen Bräuchen entspricht, wäre die Zerteilung des Hochzeitsschleiers oder des Hochzeitstraußes und die Verteilung der Stücke an die Gäste.)

---

[44] Bächtold-Stäubli, Hans und Hoffmann-Krayer, Eduard, Handwörterbuch des deutschen Aberglaubens, Berlin, New York, 1927-1987 (10 Bände), Band 4, Stichwort Hochzeit

Sie sehen also, dass die Verbindung zweier Menschen zu einem Paar sehr viele Geschichten enthält, die in unser Ritual Eingang finden können. Das Problem dürfte deshalb nicht sein, überhaupt etwas machen zu können, sondern vielmehr einen durchgehenden roten Faden zu finden, der die magische Kraft des Rituals wirklich auf einen Punkt konzentriert. Um Ihnen die Arbeit zu erleichtern, will ich Ihnen in einer Art Ablaufplan darstellen, wie ein in sich zusammenhängendes Ritual aussehen könnte. Nehmen Sie diese Auflistung keinesfalls als „Muss"! Was Sie tun, hängt von Ihren Möglichkeiten und Absichten ab, die natürlich völlig anders aussehen können!

1. Reinigung und Vorbereitung des Ortes (Kapitel 6)
2. Die Einladung der menschlichen und der anderen Gäste (Kapitel 7)
3. Das Dank- und Bittritual für die Verbindung des Paares (Kapitel 7)
4. Die Darbringung der Geschenke der Gäste (der guten Wünsche, siehe oben)
5. Die Anrufung der Götter und der Kräfte der Welt für ihr Wohlwollen (Kapitel 7)
6. Der Hochzeitstanz (Dies kann ein einfacher Rundtanz sein, in dem die Familie und die Freunde des Paares zunächst getrennt („seine" Familie und Freunde, „ihre" Familie und Freunde) in zwei Kreisen tanzen, die sich dann vermischen.)
7. Der Dank des Hochzeitspaares an alle Teilnehmer und die Gabe des Geschenks an die Gäste (siehe oben).
8. Die Schließung des Rituals (Kapitel 7)
9. Anmerkungen dazu: In diesem Fall dürfte es sinnvoll sein, die Vorbereitungen (Punkt 1) vor dem Eintreffen der Gäste durchzuführen. Da Sie nicht davon ausgehen können, dass die Gäste über „Ritualerfahrung" verfügen, sollten Sie daran denken, Alles, was im Ritual geschieht zu erklären. Wenn es sich um eine größere Hochzeit mit Live-Musik handelt, dann versuchen Sie, die beiden Musikarten, die Ritualmusik und die Unterhaltungsmusik zumindest für den Hochzeitstanz unter einen Hut zu bringen. Das erfordert allerdings nicht nur das Wohlwollen aller Musiker, sondern auch die Möglichkeit, vorher wenigstens einmal zu proben. Ich habe damit recht gute Erfahrung gemacht, allerdings sind „meine" Ritualmusiker auch ausgesprochen improvisationsfreudig.

Kapitel 15
Rituale zu Ehren der Götter und der Kräfte in der Welt

Ein weiteres wesentliches Ziel von Ritualen besteht darin, sich mit den Kräften und Wesen der Welt zu verbinden. Die Kleinen Leute in Haus und Hof, die wir durch rituelle „Einladungen" vielleicht wieder ansiedeln können, die Wesen des Waldes, der Wiesen und der Felder, Ortswesen, sofern es solche in unserer näheren Umgebung noch gibt und zu besonderen Anlässen auch die Geister unserer Ahnen und die der anderen Wesen (Tiere, Pflanzen, Steine) in unserem Umfeld sollten wir dabei ebenso bedenken wie die Götter selbst.

Auf der einen Seite geht es darum, den Umgang mit allen diesen Wesen zu einem selbstverständlichen Teil unseres Alltags zu machen, auf der anderen Seite wollen wir sie zu besonderen Anlässen auch auf besondere Weise ehren. Ich habe bereits mehrfach darauf hingewiesen, dass wir uns mit der Kraft des Magischen und des Göttlichen in der Welt nur dann identifizieren können, wenn wir sie zu einem selbstverständlichen, immer zumindest hintergründig präsenten Teil unseres Lebens machen. Daraus folgt dann ebenso selbstverständlich, dass wir sie bei bestimmten Gelegenheiten auch besonders hervorheben wollen.

Die besondere Hervorhebung geschieht bei den Jahresfesten und allen Gelegenheiten, die ich in diesem dritten Teil dieses Buches beschreibe. Deshalb will ich hier auch nur auf einen Aspekt hinweisen, den ich bisher immer ausgespart habe, weil es in unserer Gesellschaft darüber keinen Konsens gibt. Ich spreche vom Umgang mit den Göttern.

Von den Menschen zu den Göttern

Ich kann an dieser Stelle nicht darüber diskutieren, ob es denn nun einen Gott gibt, einige oder viele. Eines steht nur fest: Wer nicht in irgendeiner Form an das Göttliche in der Welt glaubt, kann ohnedies keine Rituale durchführen. Deshalb können wir diesen Fall hier weg lassen. Doch in welcher Form und an welche Form Sie selbst glauben, ist Ihre ureigenste Privatsache. – Allerdings nur, solange Sie auch privat bleiben. Wenn Sie sich als Ritualmeister öffentlich machen und für sich und Andere ein Ritual gestalten, dann müssen Sie Farbe bekennen, denn das Göttliche in einer konkreten, also persönlichen oder personifizierten Form muss Eingang in ihr Ritual finden, sonst bleibt es eine leere Hülle.

Das war und ist übrigens für mich eine der größeren Hürden, denn ich will weder einem Anderen etwas aufzwingen, noch mich öffentlich als Missionar zur Schau stellen, noch Jemandem seine Götter mies machen, indem ich so tue, als hätte ich die besseren zu präsentieren. Auch halte ich für mich nichts von Altertümelei, also der Wiederbelebung germanischer oder keltischer Götter in der Form, in der unsere Ahnen an sie geglaubt haben und noch weniger kann ich mich mit Exotismus anfreunden und Isis und Osiris wieder auferstehen lassen. Viele winden sich damit aus dieser Affäre, indem sie die alten und/oder exotischen Götter als Sinnbilder für abstrakte Kräfte in der Welt nehmen. Das funktioniert aber leider nicht, zumindest nicht im Kontext von Ritualen, denn hier geht es immer um das Konkrete, das Persönliche, Belebte und Beseelte – keinesfalls aber um abstrakte Denkgebilde oder diffuse Gefühle von Irgendwas.

Glücklicherweise verfügen wir über altbekannte und -bewährte Mittel, um uns auf die Suche nach den Göttern zu machen und ihnen sogar persönlich zu begegnen. Hierzu zählt die Andersweltreise der Schamanen ebenso wie die mystische Versenkung der christlichen Mystiker. In der Tat zielt die bewusstseinsverändernde Wirkung vieler traditioneller Rituale einschließlich der im voraufgegangenen Kapitel erwähnten Visionssuche auf die persönliche Begegnung mit den Göttern.[45]

Ich habe diese Problematik nach einigem Herumeiern für mich so aufgelöst, dass ich in den Ritualen, die ich nicht nur für mich allein und meine Freunde durchführe, den Göttern zwar ihren Platz einräume, sie aber nicht in einer (verbalen) Form einbinde, die eine Ausschließlichkeit herstellt. Außerdem weise ich alle Teilnehmer darauf hin, dass sie eingeladen sind, sich an ihre eigenen Götter zu wenden und sie ebenfalls zu einer Teilnahme einzuladen.

Die Form der Hinwendung zu den Göttern bleibt natürlich Ihnen und Ihren Vorstellungen vom Umgang mit den Göttern vorbehalten. Ich möchte dazu nur einen Hinweis geben: Die Lebendigkeit selbst ist das kostbarste Gut aller Lebewesen und deshalb ist es ja auch eine Selbstverständlichkeit (oder zumindest sollte es eigentlich eine Selbstverständlichkeit sein), dass wir diese Lebendigkeit in allen Wesen und in unserem Umgang mit ihnen respektieren und ehren. Da auch die Götter lebendige, beseelte Wesen sind (wie auch immer sie im Einzelnen nach unseren Vorstellungen beschaffen sein mögen), achten und ehren wir auch sie. Hinzu kommt, dass die Götter, wie auch immer sie im Einzelnen beschaffen sein mögen, „größer" sind als wir, dass sie in der Welt und dem großen Muster ihrer vergangenen und zukünftigen Geschichte eine wesentlich größere Reichweite und mehr Einfluss haben als wir Menschen und dass wir sie deshalb besonders achten, vielleicht sogar fürchten – obwohl Letzteres nach meinen Vorstellungen und Erfahrungen keine angemessene Reaktion darstellt.

Da ich hier keinen konkreten Hinweis auf die rituelle Gestaltung dieses Teils geben kann, müssen zwei Hinweise genügen: Erstens ist Beifuß, wie ich bereits erwähnt habe, in der Tradition unserer keltischen und germanischen Vorfahren die Räucherpflanze für die Hinwendung zu den Göttern. Wir sollten sie deshalb auch bevorzugt verwenden. Und zweitens wäre sozusagen die Minimalform des Umgangs mit den Göttern ihre Einbeziehung in unser Dank- und Bittritual, das ja ohnedies immer Kern- und Angelpunkt aller Rituale darstellt.

Die Wesen der Welt und die kleinen Rituale des Alltags

Auch heute noch gibt es Feste, die uns an die Wesen der Welt erinnern sollen, auch wenn die Veranstalter und Teilnehmer dies meist nicht mehr wissen. Gestern kam ich zum Beispiel auf den Marktplatz des Nachbarorts und sah, dass der Brunnen in Erwartung des Brunnenfestes mit einer geflochtenen Haube aus grünen Kiefernzweigen, bunten Schleifen und bemalten Eiern reich geschmückt war. Ur-

---

[45] Mehr zu diesem Thema finden Sie in: Axel Brück, Seele, Selbst & Karma – Das schamanische Bild vom Menschen, Engerda, 2008 und in: Axel Brück, Die Anderswelt-Reise, Engerda, 2005

sprünglich sollte das Brunnenfest den Quellgeist oder das Ortswesen des Brunnens ehren und für gute Beziehungen zu ihm sorgen. Heute wird es in etlichen Orten Thüringens zu Ostern oder zum ersten Mai einfach als schöner folkloristischer Brauch gefeiert.

Früher wurden alle Wesen von den Kleinen Leuten bis zu den Ortswesen und den Elementargeistern auf diese Weise in öffentlichen Ritualen geehrt. Heute, so scheint es mir, ist diese Ehrung mehr Sache des Einzelnen und vor Allem des Alltags, denn was hilft es schon, den Brunnengeist einmal im Jahr in einem netten Fest zu beschwören, wenn den Rest des Jahres niemand auch nur einen Gedanken an ihn oder überhaupt an das Magische in der Welt verschwendet? Was wir täglich oder zumindest oft tun, schafft die Verbindung zwischen uns und den Wesen, das Besondere des großen Rituals kann eigentlich nur stattfinden, wenn es auf dem Boden des Alltäglichen bereitet wird. Deshalb auch ist das tägliche Speise- oder Trankopfer für die Kleinen Leute, das wir unter den Holunder stellen, ungleich wichtiger als das tollste Ritual, das wir uns ausdenken können.

Unweit meines Wohnortes führt die Bundesstraße über eine Pass-Anhöhe, die offiziell Vachaer Stein heißt, im Volksmund jedoch „Weiße Frau" genannt wird. Die Bundesstraße nimmt dort den Weg der in keltischer Zeit bedeutenden Nord-Süd-Handelsverbindung und man darf vermuten, dass es dort wie auf allen Pässen ein kleines Heiligtum gegeben hat, das dem Ortswesen gewidmet war. Wie dem auch sei: Mit Freunden zusammen haben wir auf Andersweltreisen versucht, diesem Wesen näher zu kommen. Das ist uns zwar nicht gelungen, weil es sich für sich hält, seine Anwesenheit konnten wir jedoch zweifelsfrei feststellen. Seit ich dieses Ortswesen, die „Weiße Frau" indirekt kennengelernt habe, versäume ich es nie, sie auf jeder Fahrt zu grüßen und um sicheres Geleit zu bitten. Hin und wieder halte ich auch an, um diesem Wesen ein kleines Opfer zu bringen, eine Münze oder – besser noch – ein Speiseopfer, an dem sich die Tiere des Waldes dann noch gütlich tun können.

Man mag davon halten, was man will, aber es sind gerade diese kleinen, scheinbar unbedeutenden Rituale, die mich jederzeit im magischen Teil der Welt leben lassen, weil sie ihn für mich lebendig und in ständiger Erinnerung halten.

Ähnlich halte ich es mit den Kleinen Leuten in Wald und Feld. Bei meinen Spaziergängen komme ich gewöhnlich nicht weit. Abgesehen davon, dass mich die Bäume, Pflanzen und Tiere, denen ich begegne, sehr interessieren und ich in Ruhe genau hinschauen will, halte ich oft inne, um mich den Kleinen Leuten, den Baumwesen und allen Anderen zu öffnen. Und das geht natürlich nicht, wenn man zielorientiert durch den Wald hetzt, um irgendwo hin zu gelangen.

Bedenken Sie: Wo auch immer sie gerade sind, Sie sind da! Solange Sie woanders hin wollen, sind Sie abwesend.

So schaue ich mir Alles in Ruhe an, spreche zu den Kleinen Leuten, auch wenn sie mir oft nicht antworten oder sich nicht zu erkennen geben, hinterlasse hin und wieder ein kleines Opfer und freue mich an dem, was die Welt uns an Schönheiten der Lebewesen zeigt. So gelingt es am ehesten und am besten, tatsächlich Kontakt aufzunehmen.

Ein Wort übrigens zu dem kleinen Opfer: Viele benutzen Tabak dafür, so wie die nordamerikanischen Indianer dies tun. Wir sollten aber bedenken, dass Tabak keine einheimische Pflanze ist. Unsere Wesen bevorzugen zwar auch rauchbare Pflanzen als Gabe oder Geschenk, aber leider eigentlich genau die Pflanzen, die heutzutage illegal sind (also halluzinogene Pflanzen). Als Ersatz wird aber auch gerne eine einheimische Rauchpflanzenmischung genommen, zum Beispiel aus Huflattich, Erdrauch, Steinklee, Waldmeister oder anderen Kräutern – die wir natürlich auch selbst rauchen können, so wie es unsere Vorfahren schon lange vor Einführung des Tabaks in Europa getan haben.

Zu den kleinen Ritualen des Alltags gehört es auch, beim Verlassen des Hauses oder der Wohnung mit dem Finger die Linien einer Schutzrune auf die Tür zu zeichnen und ihre Kraft um die Bewahrung unseres Heims während unserer Abwesenheit zu erbitten. Unser tägliches Dank- und Bittritual sollte auch dazu gehören, ebenso wie unsere tägliche Hinwendung zu den Göttern.

Ich kann es gar nicht oft genug wiederholen: Nur was in unserem täglichen Umgang selbstverständlich und vertraut ist, liegt uns nahe und öffnet sich uns. Stellen Sie sich einmal vor, ein Mensch, der noch nie in seinem Leben einen Schraubendreher in der Hand gehabt hat, würde versuchen, sein Auto zu reparieren, indem er in das Handbuch schaut! Jedem ist klar, dass so etwas unter keinen Umständen funktionieren kann. Aber viele wundern sich darüber, dass das Magische und das Göttliche in der Welt ihnen nicht nahe ist und dass ihre Rituale nicht funktionieren (will heißen, keine Kraft enthalten und deshalb auch keine Resultate erzielen), obwohl sie noch nie mit den einschlägigen Schraubendrehern hantiert haben!

Pfeife aus Kuhhorn und *Spirit*-Horn

Kapitel 16
Rituale für Kraft, Ruhe, inneren Frieden und Glück

Bisher ging es eher spektakulär zu bei unserer Betrachtung von Ritualen. Deshalb darf zum Abschluss der Hinweis nicht fehlen, dass Rituale auch der Besinnlichkeit dienen können.

Rückblickend auf die bisher geschriebenen Kapitel kommt mir das alles ausgesprochen hektisch oder zumindest betriebsam vor. Das ist es auch. Wer Rituale für andere plant, organisiert und durchführt, hat in diesem Augenblick ein mittelständisches Unternehmen mit einem Haufen Leute, die meist auch noch Selbstdarsteller und Künstler sind. (Liebe Freunde, ich meine das jetzt sehr liebevoll! Wenn ich mich nicht nahtlos in diesen Haufen Leute einreihen würde, mit meinem Hang zur Selbstdarstellung und meinen künstlerischen Ambitionen, dann würde ich diese Arbeit gar nicht machen, dann wäre sie nicht auszuhalten – jedenfalls nicht für mich.)

Dahingegen war von der Ruhe und dem inneren Frieden, die ein erfülltes Leben eigentlich begleiten oder sogar ausmachen sollten, bisher bestenfalls am Rande die Rede. Aber auch diese Aspekte sollten wir in unseren Ritualkreis einbinden. Doch Ruhe heißt ja eigentlich, dass gerade nichts geschieht, dass die Kräfte von selbst fließen und dass man diesem Fluss mühelos folgt, sich ihm überlässt. In dem Augenblick, in dem wir ein Ritual zusammen mit Anderen organisieren, oder wenn wir möglicherweise nur für uns selbst und ganz alleine Dinge tun, ist schon wieder Aktivität im Spiel, wird schon wieder gehandelt – und die Ruhe ist dahin oder kann gar nicht erst entstehen.

Das Interessante daran ist jedoch, dass Rituale uns auf eine Weise in den Fluss des Lebens und der Kräfte einbinden, die uns der Ruhe und dem inneren Frieden deutlich näher kommen lässt als ein Leben ohne Rituale es uns ermöglichen würde.

Die Augenblicke der Stille, der Verbundenheit mit der Welt, mit einem Kraut, einem Stein, einem Baum oder auch einem anderen Menschen entstehen viel leichter, wenn wir auch auf der Ebene der Aktivität und des Handelns in die magischen und göttlichen Kräfte eingebunden sind.

Deshalb schaffen wir mit unseren Ritualen die Voraussetzungen für etwas, das jenseits aller Rituale nur wie von selbst geschehen kann, die Versenkung in die Welt und das Eins Sein mit der Welt.

Gewöhnlich schreiten wir vom Allgemeinen zum Besonderen fort, also zum Beispiel von unserem alltäglichen Leben zur Gestaltung der Rituale, so wie ich es in diesem Buch beschrieben habe. Da uns unsere Tradition des magischen und göttlichen Lebens vollständig oder zumindest zu großen Teilen abhanden gekommen ist, müssen oder können wir den Prozess einfach umdrehen: Durch das Besondere, die Gestaltung und Durchführung der Rituale, öffnen wir eine Tür, durch die wir diese Kräfte in unser Leben hineinlassen können – und wenn sie dort zum Alltäglichen geworden sind, dann kann sich der Kreis schließen.

Dem Klang der Welt lauschen

Manche Indianerstämme Nordamerikas kennen eine Form der Meditation, die sich „Dem Klang der Welt lauschen" nennt. Praktisch betrachtet besteht diese Übung darin, in der typisch indianischen Hock- oder Sitzstellung verharrend, mit völlig gleichmäßigen, unbetonten Schlägen eine Rahmentrommel zu spielen. Alles in der Welt ist bekanntlich ein Klang oder besteht aus Klang und die Indianer sagen, dass alle diese Klänge in allen anderen enthalten sind oder von allen anderen aus zugänglich sind. Also finden wir auch den gesamten Klang der Welt im Klang unserer Rahmentrommel und wir werden ihn hören, wenn wir nur lange genug zuhören. Er entfaltet sich aus den völlig gleichmäßigen Schlägen. Aus dem Tock des Aufschlags und dem Nachhall des Trommelfells entstehen völlig neue Rhythmen und ungeahnte Klänge.

Das Erstaunliche an dieser meditativen Übung ist, dass sie sofort funktioniert. Selbst derjenige, der zum ersten Mal eine Rahmentrommel in die Hand nimmt, um diese Übung zu machen, braucht nur 15 bis 20 Minuten Geduld und der erste Erfolg wird sich unmittelbar einstellen. Ich kenne keine andere Übung, die so schnell zum Ziel führt wie diese. Deshalb halte ich sie auch für besonders geeignet, uns ungeduldige Mitteleuropäer in die Meditation einzuführen oder sogar dieses „Dem Klang der Welt lauschen" als zentrales Mittel zu benutzen.[46]

In Verbindung mit einem kleinen Dank- und Bittritual fügt sich dieses „Dem Klang der Welt lauschen" zu einem Ritual der Stille (auch wenn es paradox scheint, im Zusammenhang mit Trommeln von Stille zu sprechen), das uns viel Kraft, Ruhe und inneren Frieden schenken kann, ganz abgesehen davon, dass es uns Einsicht, Versenkung in die Welt und als Hauptziel das Eins Sein mit der Welt ermöglichen kann.

Das Warten

Ein anderes Ritual der Stille, das letzten Endes auch zum Eins Sein mit der Welt führen kann, habe ich in meinem Roman[47] ausführlich beschrieben. Von der Form her ist es das Einfachste, was sich überhaupt vorstellen lässt. In der Praxis erfordert es eher sehr viel Übung, bis es wirklich gut funktioniert. Es geht darum, sich in einen Zustand der Achtsamkeit zu versetzen, in dem wir uns in einer bestimmten Weise mit der Welt vereinen, die Dinge oder Wesen nicht mehr wahrnehmen, sondern sie tatsächlich sind oder werden. Können Sie sich vorstellen, einfach zu warten? Nicht auf etwas oder jemanden zu warten, oder darauf, dass die Zeit vergeht, auch nicht sich zu langweilen, weil einfach rein gar nichts geschieht, sondern da zu sitzen und nur zu warten. Die meisten Menschen können sich nicht einmal vorstellen, was es mit einem solchen Zustand auf sich hat und wie man ihn erreicht.

---

[46] Einige Hinweise dazu finden Sie in: Axel Brück, Schamanische Ritualmusik und die Kraft der Klänge, Engerda, 2004

[47] Axel Brück, Die Herrin und der Sommerkönig, Eine Geschichte von Liebe, Lust und Tod, Engerda, 2006

Das Warten ähnelt der buddhistischen Achtsamkeits-Gewahrseins-Meditation, in der auch ein Stein, eine Blüte oder etwas Ähnliches als Fokus für die Meditation verwendet wird. Der Unterschied besteht jedoch darin, dass im Warten die Achtsamkeit von Anfang an auf Nichts gelenkt wird. (Achtsamkeit ist nichts Anderes, als auf Nichts gerichtete Aufmerksamkeit, während in der Achtsamkeits-Gewahrseins-Meditation zunächst Aufmerksamkeit erzeugt wird, die dann im Laufe der Zeit in Achtsamkeit umschlagen soll.)

Wir können eine erste Übung im Warten dadurch beginnen, dass wir uns im Sommer bei gutem Wetter einfach auf eine Wiese setzen – und warten. Nicht darauf, dass irgendetwas geschieht, sondern nur so. Auf einer Wiese geschieht sowieso dauernd etwas, es ist *action*, wie man so sagt. Nur bemerken wir das gewöhnlich nicht. Natürlich könnten wir uns jetzt ins Gras legen, am besten noch mit einem Vergrößerungsglas in der Hand und uns unglaublich konzentriert einen Teil dieser Aktivitäten anschauen, zum Beispiel einen Käfer, der aufgeregt einen Grashalm auf und ab läuft. Das zu tun heißt aber, Aufmerksamkeit zu erzeugen, die sich unter Ausschluss alles Anderen auf eine einzige Sache konzentriert.

Warten erzeugt jedoch Achtsamkeit, das genaue Gegenteil von Aufmerksamkeit. Wir konzentrieren uns auf Nichts, erlauben unseren Sinnen, sich immer mehr und mehr zu schärfen und verschmelzen schließlich mit Allem, ohne uns vorher auf Etwas konzentriert zu haben. Das ist Warten, das sich eigentlich nicht beschreiben, sondern nur erfahren lässt.

Auch das Warten eignet sich hervorragend als Kernstück eines Rituals der Ruhe. Wir müssen es wiederum nur durch ein Dank- und Bittritual ergänzen.

Ich habe immer wieder die Erfahrung gemacht, dass das Warten und das „Dem Klang der Welt lauschen" uns Europäern leicht fällt (insbesondere der Umgang mit der Rahmentrommel), viel leichter jedenfalls als der Umgang mit den „östlichen" Meditationsformen, die auf einem anderen Verhältnis des Menschen zur Welt aufbauen als es unserem Weltbild und unserer Tradition entspricht.

Das ist vielleicht Hinweis genug, um Sie zum Ausprobieren dieser Techniken zu bewegen. Während das Warten nur individuell erlernt und praktiziert werden kann, eignet sich das „Dem Klang der Welt lauschen" auch dazu, in größere Rituale eingebaut zu werden. Ich verwende es immer zur Vorbereitung der Andersweltreise, gleich ob ich sie für mich allein oder rituell in einer Gruppe ausführe. Auch in anderen Ritualen kann es als „Ruhepunkt" und dadurch zur Sammlung der Kräfte eingesetzt werden.

Das führt mich zu der Feststellung, dass dieser oft zitierte Spruch „In der Ruhe liegt die Kraft" durchaus berechtigt ist: Ein Ritual, dass nur atemlos abrollt, Handlung an Handlung reiht, mag zwar letzten Endes ein grandioses Spektakel abgeben, aber die in ihm freigesetzten Kräfte werden nutzlos verpuffen, wenn wir sie nicht in der Ruhe verankern und formen können. – Und das bringt mich zu meinem Schlusssatz: Es war in diesem Buch so viel von heiligen Dingen die Rede, vom Magischen und vom Göttlichen in der Welt, dass es einen grausen könnte. Deshalb möchte ich Sie nochmals sehr nachdrücklich auf die Rolle der Clowns in den Ritualen der Indianer hinweisen. Sie sollen uns immer und jederzeit, selbst in den ernstesten und heiligsten Augenblicken daran erinnern, dass in allen Ereignissen und Handlungen ebenso wie in allen Wesen die Kräfte Liebe und Tod präsent sind und vielleicht Ernsthaftigkeit verströmen. Aber auch die Lustkraft steckt in Allem und färbt Alles mit Freude und mit Spaß. Das hilft uns, mit beiden Beinen auf dem Boden zu bleiben und nicht, nahezu geblendet von der eigenen Bedeutung, in irgendwelche esoterischen Regionen abzuschweben. „Erdung" heißt das Zauberwort, locker bleiben und vor Allem man selbst bleiben. – Und ein wunderbares Ritual des Alltags, das uns dabei helfen kann heißt (im übertragenen Sinne) Skatspielen, Biertrinken und fette Zigarren rauchen.

Nachwort

Dieses Buch ist Teil des Projekts „Megin-Tor", das unter Anderem aus mehreren Sachbüchern und Romanen besteht. Bisher sind bereits erschienen:

- Axel Brück, Schamanische Ritualmusik und die Kraft der Klänge, Engerda, 2005
- Axel Brück, Die Anderswelt-Reise, Engerda, 2005
- Axel Brück, Die Herrin und der Sommerkönig, Engerda, 2006 (Roman)
- Axel Brück, Runen Leben, Engerda, 2006
- Axel Brück, Die Kraft der Heilung, Engerda, 2007
- Axel Brück, Die Kraft der Rituale, Engerda, 2008

Da ich immer wieder gefragt werde, warum auch Romane in dieses Projekt gehören, weise ich darauf hin, dass „Die Herrin und der Sommerkönig" zwar spannende Unterhaltung in Fantasy-Form ist, zugleich aber auch eine Art „Lehrbuch" der Hexen- und Schamanen-Dinge, die sich in einem Sachbuch nicht unterbringen lassen. Die Geschichte lässt vor den Augen des Lesers ein Bild davon entstehen, wie unsere Vorfahren mit dem Magischen und dem Göttlichen in der Welt tatsächlich umgegangen sind und wie ihr Leben dadurch bestimmt wurde.

Als nächstes erscheinen:

- Axel Brück, Seele, Selbst & Karma – Das schamanische Bild vom Menschen, Engerda, 2008
- Axel Brück, Die Kraft der Lust – Sexualität und Spiritualität, Engerda, 2009

Weitere Bücher werden folgen und insgesamt ein aus schamanischen Anschauungen und Einsichten entstandenes Weltbild beschreiben, das ich die „Megin-Lehre" nenne, die Lehre von den drei Kräften. Die Megin-Lehre (Megin ist ein altnordisches Wort für Kräfte, innere Kräfte) baut auf dem auf, was unsere Vorfahren über die Welt wussten. Im Laufe der letzten vierzig Jahre habe ich versucht, dieses Wissen zusammenzufassen, auf den heutigen Stand zu bringen, es mit unserem wissenschaftlichen Weltbild zu versöhnen und in eine Form zu gießen, mit der wir Menschen der Gegenwart tatsächlich etwas anfangen können.

Das Wissen um die Arbeit der Schamanen, Hexen und Priester und um dieses Weltbild der Megin-Lehre geben wir, meine Freunde und ich, in unseren Workshops, Seminaren und Vorträgen weiter.

Wer sich dafür interessiert, sollte sich meine Homepage anschauen: www.megin-tor.de oder www.axun-edition.de oder per Email mit mir Kontakt aufnehmen: axel@megin-tor.de. Ich bemühe mich, alle Emails zu beantworten, auch wenn es manchmal ein wenig dauert.

Seit fast 30 Jahren beschäftige ich mich mit dem Schamanismus und seit annähernd 40 Jahren mit den Traditionen unserer Vorfahren, insbesondere mit der Megin-Lehre und der Runenkunde.

Ich biete Workshops und Seminare zu diesen Themen an. Dabei ist die Beschäftigung mit der Vergangenheit, mit den Traditionen unserer Vorfahren weder zweckfreies Spiel noch nostalgische Verklärung der „guten, alten Zeit", die es in Wirklichkeit nie gegeben hat, sondern der Versuch, Wissen, Weisheit und Einsicht unserer eigenen Traditionen für uns heute Lebenden nutzbar zu machen. Wir wollen und können das Rad der Zeit nicht zurückdrehen! Aber wir können unser Leben bereichern, indem wir lernen.

In "esoterischen" Kreisen ist leider die Unsitte verbreitet, die Ratio und den Intellekt gering zu schätzen und nur auf die Dinge der nicht-alltäglichen Wirklichkeit zu achten. Diese Art des Umgangs mit der Welt ist zum Scheitern verurteilt, ebenso wie die rein "materielle" Sichtweise. Die Welt besteht in der Anschauung der Schamanen aus drei Elementen oder Ebenen, die unauflösbar miteinander verknüpft sind – und keine dieser Ebenen oder Elemente kann ohne die andere existieren.

Die Welt der Wissenschaft und des rational Fassbaren ist die alltägliche Wirklichkeit, in der wir Menschen uns überwiegend bewegen. Die Welt der schamanischen Arbeit und anderer Arten des Umgangs mit den "Geistern und Kräften" ist die Welt der nicht-alltäglichen Wirklichkeit, die Anderswelt, und die Welt der Götter ist das Numinose. Wissen, Weisheit und Einsicht sind unsere menschlichen Möglichkeiten der Welterfahrung und wenn wir eine davon missachten oder gering schätzen, werden wir uns in der Welt nicht zurechtfinden.

Deshalb habe ich in diesem Buch auch immer großen Wert darauf gelegt, nach besten Kräften das, was wir im Sinne der Wissenschaft wissen können, von dem zu unterscheiden, was wir auf andere Art lernen können. Jedes andere Vorgehen führt nur zu Konfusion und zu einer Wischi-Waschi-Haltung der Welt gegenüber, die kein Schamane schätzen würde.

Es gibt drei menschliche Erkenntnisweisen, die nicht miteinander vermengt werden können und dürfen – und jede davon ist auf ihre Weise präzise, überprüfbar und ebenso praktisch wie wichtig für den Umgang mit der Welt. Nur wenn wir in allen dreien gleich achtsam, wachsam und sorgfältig sind, können wir in jeder davon gute Arbeit leisten – und unser Leben schöner, reicher und spannender gestalten.

Während ich die Abschlussarbeiten an diesem Manuskript durchführe, haben sich einige wesentliche Dinge ereignet: Die Lajos Kassai Reiterbogenschule und die Ehmorin Schule der schamanischen Kampfkünste, die von meinen Freunden und Mitstreitern Pettra Engeländer und Joachim Büchau geleitet werden, haben sich in Sünna in der Rhön angesiedelt. Auch ich werde meine Aktivitäten dorthin verlagern, so dass Megin Tor tatsächlich auch als geografischer Ort entstehen wird. Wir haben es uns unter Anderem gemeinsam zum Ziel gesetzt, den gesamten Zyklus der Jahresfeste als „große" Rituale wieder lebendig werden zu lassen und auch sonst die Dinge für uns und Andere greifbar zu leben, die in meinen Büchern beschrieben werden.

Mein besonderer Dank gilt Janine für ihre sorgfältige Schlussredaktion und die Korrekturarbeiten in letzter Sekunde. Außerdem hat sie mir freundlicherweise das gesamte Material für Kapitel 13 „Feste zu Schwangerschaft und Geburt" teils in schriftlicher, teils in mündlicher Form zur Verfügung gestellt.

Literaturverzeichnis

Bächtold-Stäubli, Hans und Hoffmann-Krayer, Eduard, Handwörterbuch des deutschen Aberglaubens, Berlin, New York, 1927-1987 (10 Bände)

Bittlinger, Arnold, Das Geheimnis der christlichen Feste, München, 1995

Brück, Axel, Die Kraft der Heilung, Engerda, 2007

Brück, Axel, Runen Leben, Engerda, 2006

Brück, Axel, Die Anderswelt-Reise, Praxisbuch Schamanische Reise, Engerda, 2005, 2007 (2. Auflage)

Brück, Axel, Seele, Selbst & Karma – Das schamanische Bild vom Menschen, Engerda, 2008

Brück, Axel, Schamanische Ritualmusik und die Kraft der Klänge, Engerda, 2005

Brück, Axel Die Herrin und der Sommerkönig, Eine Geschichte von Liebe, Lust und Tod, Engerda, 2006

Cunningham, Scott, Handbuch der Natur- und Elementarmagie, Teil I und Teil II, Engerda, 2004

Fischer-Rizzi, Susanne, Botschaft an den Himmel, Anwendung, Wirkung und Geschichten von duftendem Räucherwerk, München, 1996

Folkerts, Helge, Frauenkreise, Feste, Feiern, Rituale um die Heilige Mitte, Engerda, o.J.

Foster, Steven und Little, Meredith, Die vier Schilde, Initiation durch die Jahreszeiten der menschlichen Natur, Engerda, 2006 (2. Auflage)

Frazer, J.G., The Golden Bough, A Study in Magic and Religion, London, 1978 (9. Auflage). Dieses 1000-seitige Taschenbuch ist die Zusammenfassung eines zwölfbändigen Werks mit dem gleichen Titel

Golowin, Sergius, Drache, Einhorn, Osterhase, Basel, 1994

Graichen, Gisela, Das Kultplatzbuch

Hultkrantz, Åke, Shamanic Healing and Ritual Drama, Health and Medicine in native North American religious traditions, New York, 1992. Schamanische Heilkunst und rituelles Drama der Indianer Nordamerikas, München, 1994.

Kalweit, Holger, Erdmutter will Rituale, Naturtherapie – Einweihung ins Gedächtnis der Erde, Engerda, 2005

Kalweit, Holger, Naturtherapie, Initiationsreise zur Erdmutter, Engerda, 2007 (2. Auflage)

Koneckis, Ralf, Mythen und Märchen, Was uns die Sterne darüber verraten, Stuttgart, 1994

Krupp, E.C., Hrsg., In Search of Ancient Astronomies, London, o.J.

Le Roux, Françoise und Guyonvarc'h, Die Hohen Feste der Kelten, Engerda, 2003 (2. Auflage)

Mails, Thomas E., Geheime indianische Pfade, München, 1992

Matthews, Caitlin, Das Lied der Seele, Schamanische Rituale für Vision und Heilung, Engerda, 2005

de Mille, Richard, Die Reisen des Carlos Castaneda, Bern, 1980

Plotkin, Bill, Soulcraft, Die Mysterien von Natur und Seele, Engerda, 2005

Rätsch, Christian, Räucherstoffe, Der Atem des Drachen, Aarau, 1996

Reiseführer: Die schwarzen Reiseführer Deutschland

Schäfer, Thomas, Sternenkult und Astrologie, Von den frühen Kulturen bis zum Mittelalter, Düsseldorf und Zürich, 2004

Schubart, Walter, Religion und Eros, München, 1966 (3. Auflage)

Sommer, Volker, Feste, Mythen, Rituale, Warum die Völker feiern, Hamburg, 1992

Storl, Wolf-Dieter, Naturrituale, Mit schamanischen Ritualen zu den eigenen Wurzeln finden, Baden und München, 2004

Ulbrich, Björn und Gerwin, Holger, Die Hohe Zeit, Rituale und Zeremonien für Hochzeit, Lebensbund und Familie, Engerda, 2006 (2. Auflage)

Ulbrich, Björn und Gerwin, Holger, Die geweihten Nächte, Rituale der stillen Zeit, ein Ratgeber zur Gestaltung von Weihnachten, Engerda, o.J. (5. Auflage)

Von Weltzien, Diane, Rituale neu erschaffen, Elemente gelebter Spiritualität, Basel, 1995

Zerling, Clemens, Götter-, Götzen- und Gralstempel, Aarau, 2001